Beate Forsbach

InDesign
für Self-Publisher

AF203500

Beate Forsbach

InDesign
für Self-Publisher

Schritt für Schritt
zum fertigen Layout

Edition Forsbach

Bibliografische Information der Deutschen Nationalbibliothek:

Die Deutsche Nationalbibliothek verzeichnet diese Publikation in der Deutschen Nationalbibliografie; detaillierte bibliografische Daten sind im Internet über http://dnb.dnb.de abrufbar

Edition Forsbach
Bücher mit Herz

© Edition Forsbach, Fehmarn 2015

5. Auflage, Bamberg 2021

Diese Ausgabe basiert inhaltlich auf der 4. Auflage von 2017. Nur die Informationen zur Autorin und zum Verlag wurden aktualisiert. Eine überarbeitete und inhaltlich aktualisierte Neuausgabe ist in Vorbereitung.

Coverbild: © Aguaviva - Fotolia.com

Druck und Bindung: CPI Druckdienstleistungen GmbH
Ferndinand-Jühlke-Str. 7, 99059 Erfurt

ISBN 978-3-943134-76-6

Printed in Germany

Inhalt

Einleitung

*Die eigentlichen Geheimnisse auf dem Weg zum Glück
sind Entschlossenheit, Anstrengung und Zeit.*
(Der XIV. Dalai Lama)

Liebe Leserinnen und Leser,

vielen Dank für Ihr Interesse an diesem Buch, das Ihnen dabei helfen möchte, die Druckvorlage für den Buchblock und das Cover Ihres selbst publizierten Buches mit der professionellen Software *Adobe InDesign* zu erstellen. Dieses ist der vierte Band unserer Reihe *Bücher & Mee(h)r*, die sich mit dem Schreiben und Veröffentlichen beschäftigt.

Im dritten Band *So publizieren Sie Ihr Buch* bekommen Sie viele Informationen rund um die Publikation im Selbstverlag: Vorbereitung des Buchmanuskripts, Aufbereitung für die Veröffentlichung, Wissenswertes zum Selbstverlag, Vertrieb und Marketing. Das Buch enthält eine Anleitung zum Erstellen einer Druckvorlage mit *Word*, das ja ursprünglich ein Textverarbeitungsprogramm ist. Inzwischen gibt es viele Funktionen, die einen einfachen Buchsatz ermöglichen. Möchten Sie Abbildungen einfügen, den Text gestalten und ein attraktives Buchcover erstellen, empfiehlt sich ein spezielles Programm für Satz und Layout. Das Programm *Adobe InDesign* ist das weit verbreitete professionelle Satzprogramm.

Dies zu erlernen ist nicht ganz einfach, auch ist die Anschaffung nicht gerade preisgünstig. Ich empfehle den Einsatz von *InDesign* vor allem denjenigen Autoren, die mehr als ein Buch publizieren

7

möchten. Es gibt noch andere, auch kostenlose Satzprogramme, genau wie es auch andere Textverarbeitungsprogramme gibt. Ich verwende nur die Programme *Word* und *InDesign*, weil sie im Verlagswesen verbreitet und nach entsprechender Einarbeitungszeit komfortabel zu bedienen sind.

Dieses Buch bietet Ihnen eine Anleitung zum Erstellen einer Druckvorlage mit *InDesign*. Es wendet sich speziell an Self-Publisher, die wenig oder keine Erfahrung mit dem Programm haben. Schritt für Schritt werden Sie geleitet – von der Vorbereitung des Manuskripts über das Anlegen eines Dokuments für Ihr Buch bis zum fertigen Layout, jeweils für den Buchblock und die Coverdatei.

Die Beschreibung ist mit zahlreichen Bildschirmfotos illustriert, sodass sich auch Ungeübte in das Programm einarbeiten können. Als ich den Umgang mit *InDesign* gelernt habe, suchte ich in den Handbüchern und in dem von *Adobe* ausführlich dokumentierten Hilfebereich nach den speziellen Dingen, die ich für den Buchsatz benötigte. Das war teilweise sehr anstrengend, denn *InDesign* ist eine Software für viele Anwendungsbereiche in Gestaltung und Design – entsprechend umfangreich sind die jeweiligen Handbücher. Und manchmal wusste ich auch nicht, wonach ich eigentlich suchen sollte. Ich habe gute Erfahrungen mit Foren im Internet gemacht: einfach das Problem bei Google eingeben und schauen, welche Lösungen angeboten werden.

In meinem Buch zeige ich Ihnen meinen Weg zum fertigen Buchlayout – es gibt viele andere Wege, und jeder Layouter oder Buchsetzer entwickelt im Laufe der Zeit seine spezielle Methode. Es ging mir nicht darum, umfassende Kenntnisse für den Umgang mit *InDesign* zu vermitteln, sondern nur einen gangbaren Weg nachvollziehbar zu machen.

Komplexere Anwendungen wie mehrspaltigen Satz, Kopfzeilen, Fußnoten, Querverweise, grafische Aufbereitung des Textes sowie die Erstellung von E-Books – all das wird in diesem Buch nicht vermittelt. Ich empfehle Ihnen für solche Fälle, professionelle Dienstleister in Anspruch zu nehmen oder eins der Handbücher zu Rate zu ziehen, von denen ich einige im Literaturverzeichnis empfehle.

Am Ende des Buches vermittelt Ihnen ein *Kleines ABC des Büchermachens* die wichtigsten Begriffe rund um Bücher und Verlagswesen in Kurzform. Eine *Auswahlbibliographie* für weiterführende Informationen ergänzt diesen Informationsteil.

Und noch etwas: Sie können dieses Buch – wie auch die anderen Bücher unserer Reihe – zunächst von vorne bis hinten „überfliegen". Dann aber sollten Sie es gezielt durcharbeiten, um Ihr erstes Buch, vielleicht zunächst nur eine Art „Übungsbuch" zu erstellen. Beim zweiten und dritten Buch, das Sie gestalten, werden Sie sicherlich eigene Tricks herausfinden und die umfangreichen Möglichkeiten von *Adobe InDesign* immer mehr entdecken.

Ich wünsche Ihnen ein gutes Gelingen beim Gestalten und Publizieren Ihrer eigenen Bücher. Vielleicht wird eines Tages – so wie bei mir – ein Verlag daraus.

In Abwandlung des bekannten Mottos „Träume nicht Dein Leben, sondern lebe Deinen Traum" wünsche ich Ihnen:

Träume nicht Dein Buch, sondern publiziere es!

Ich wünsche Ihnen dabei viel Freude, Glück und Erfolg!

Ihre

Beate Forsbach

Über Adobe InDesign

Das Programm *Adobe InDesign* ist ein professionelles Layout- und Satzprogramm. Hiermit können Sie Dateien als PDF in *Adobe Acrobat* ausgeben, die als professionelle Druckvorlage für Bücher, Zeitschriften, Flyer, Plakate u. v. m. dienen können.

Es ist eine direkte Zusammenarbeit mit dem Bildbearbeitungsprogramm *Adobe Photoshop* und dem Grafikprogramm *Adobe Illustrator* möglich.

Adobe InDesign ermöglicht Ihnen variable Seitenlayouts und eine umfassende Text- und Grafikgestaltung.

So können Sie Textrahmen verwenden, die sich dem jeweiligen Inhalt anpassen, sowie Rahmen für Fotos und Grafiken, für die Sie die Bilder bearbeiten, Bildausschnitte bestimmen und den Textumfluss definieren können. Diese Rahmen lassen sich nach Wunsch im Layout verschieben und in der Größe anpassen.

Außer Druckvorlagen für Ihre Bücher können Sie mit *Adobe InDesign* auch multimediale E-Books für Computer, Smartphones, Tablets und E-Book-Reader erstellen.

Die letzte Version, die man einzeln kaufen konnte, war *InDesign* CS6. Seit 2013 gibt es *InDesign* nur noch im Abonnement zu kaufen, es nennt sich jetzt *InDesign* CC (Creative Cloud).

Seit der Version CS5.5 werden die Funktionen zur Erstellung von E-Books immer weiter ausgebaut. Buchdateien in *InDesign* CC kann man als ePub-Dateien exportieren.

Um Kindle-E-Books zu erstellen, kann man ein Plug-In verwenden, das es zur Zeit nur für die Versionen CS4, CS5, CS5.5 oder CS6 für Windows (XP, Vista, 7) sowie für den Mac (OSX 10.5 und höher) gibt (Download auf der Website kpd.amazon.com).

Adobe bietet günstige Einzelprodukt-Abos für 23,79 € an sowie Komplett-Abos in zwei Versionen: für Kunden, die bereits eine Version von *InDesign* (oder einem anderen *Adobe*-Programm) besitzen sowie für Kunden ohne eine Vorversion, zum Preis von 35,69 € bzw. 59,49 € (Stand 2015).

Meine Empfehlung: Kaufen Sie sich *Adobe InDesign* nur dann, wenn Sie mehrere Bücher setzen möchten, eine ausgeprägte Lernbereitschaft für ein komplexes Programm mitbringen und bereit zu einer Investition von mindestens ca. 300 Euro pro Jahr sind. Es gibt sehr gute Hilfeseiten, gute Handbücher sowie zahlreiche Foren und Tutorials zu *InDesign*, so dass Sie die wesentlichen Fragen Ihres Buchsatzes klären können.

Die älteren Versionen CS5.5 und CS6 sind noch gebraucht, z. B. über Ebay zu kaufen, jedoch meist für vierstellige Preise. Bei einem solchen Kauf ist zu bedenken, dass es keine Updates mehr gibt und somit auch keine Anpassung an die sich stetig verändernden Bedingungen beim digitalen Publizieren.

Vorbereitung des Manuskripts für die Publikation

Grundsätzlich könnten Sie Ihre Texte in ein leeres Dokument direkt in *InDesign* eintragen, aber das kommt in der Praxis nur selten vor. Die meisten Manuskripte werden in einer *Word*-Datei angelegt, die dann in die Satzdatei importiert wird.

Sie können Ihr Manuskript auch in einer anderen Textverarbeitung anlegen, z. B. in *Open Office* oder *Apple Pages*. Besonders gut klappt das Zusammenspiel zwischen *Adobe InDesign* und *Microsoft Word* in einer neueren Version (ab *Word* 2010), hier werden sogar Formatierungen übernommen. In diesem Buch gehen wir davon aus, dass das Manuskript als *Word*-Datei vorliegt.

Formatvorlage

Schreiben Sie Ihr Manuskript in einer einfachen Formatvorlage ohne besondere Layout-Einstellungen. Verwenden Sie dazu die vorgegebenen Formate für Standardtext sowie Überschriften. Seitengröße und Schrifttyp sind egal, die werden erst im Layout festgelegt. Dieses wird später gestaltet, in der Regel in dem separaten Satzprogramm. Es wäre überflüssige Arbeit, damit zu beginnen, bevor der Text abgeschlossen ist.

> **Unter einer Formatvorlage versteht man einen Satz von Formatierungsmerkmalen wie Schriftartname, Größe, Farbe, Absatzausrichtung und Abstand.**

Ich habe eine einfache Vorlage für das Manuskript im DIN A4-Format angelegt. Es ist sinnvoll, Seitenzahlen in einer Kopf- oder Fußzeile zu integrieren, am besten auch den Namen des Autors und den Arbeitstitel des Buches. Sie können sich eine solche Formatvorlage selber anfertigen, oder schreiben Sie mir eine Mail, dann sende ich Ihnen die Vorlage zu.

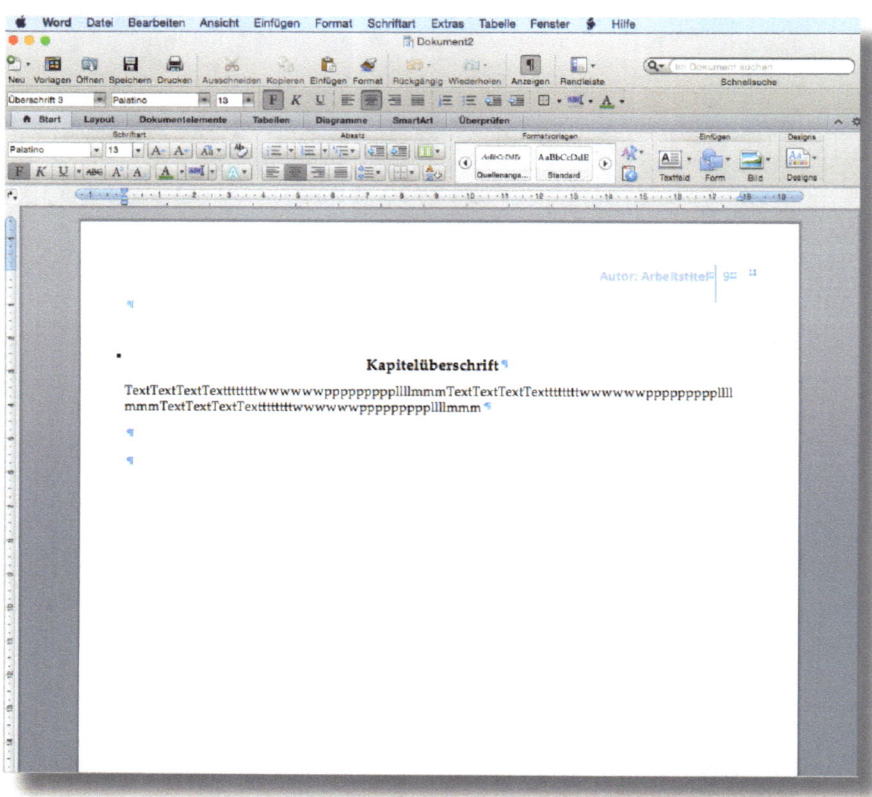

Bevor Sie beginnen, den Buchblock zu gestalten, sollte Ihr Manuskript gründlich überarbeitet, lektoriert und korrigiert sein. All dies erledigen Sie am besten in der *Word*-Datei. In der *InDesign*-Datei sind später zwar noch Änderungen möglich, aber sie könnten einen größeren Mehraufwand bedeuten.

Lesen Sie dazu auch die Kapitel zu Überarbeitung und Korrektur in meinem Buch *So schreiben Sie Ihr Buch – Von der Idee bis zum fertigen Manuskript* (2013, S. 99-122).

Der Lektor wird Ihnen Vorschläge zur Optimierung Ihres Textes machen, die Sie annehmen oder ablehnen können. Der Korrektor wird alle Fehler in Rechtschreibung, Zeichensetzung und Grammatik korrigieren. Nach den verschiedenen Überarbeitungen sollten Sie noch eine Korrektur durchführen. Erst dann ist Ihr Manuskript fertig vorbereitet für den Satz in der Buchblock-Datei.

Abbildungen

Wenn Ihr Buch Abbildungen enthalten soll, sollten Sie diese als Einzeldateien in einem separaten Ordner sammeln und so benennen, dass Sie sie schnell wiederfinden können. Schreiben Sie für jede Abbildung einen (am besten farbigen) Hinweis in Ihre Manuskriptdatei:

Abb. 1

Sie können alle Abbildungen einfach durchnummerieren und mit einem inhaltlichen Vermerk versehen, z. B.:

1_Kopfzeile
2_Dokumentenstruktur
3_Gliederung

15

Kopieren Sie die Abbildungen nicht in Ihr *Word*-Dokument, fügen Sie sie auch nicht über das Menü *Einfügen* ein. Für den Druck optimierte Abbildungen sind meist recht groß. Ihr *Word*-Dokument würde ziemlich unhandlich, das Laden und Speichern würde lange dauern, und es ließe sich nur schwer per E-Mail versenden.

Möchten Sie die Druckvorlage Ihres Buches in *Word* erstellen, so sollte Ihr Manuskript nur Text enthalten. Zwar kann man in *Word* ein Layout mit Abbildungen gestalten, doch wird die daraus erzeugte PDF-Datei voraussichtlich keine optimale Druckqualität haben. Sprechen Sie auf jeden Fall vorher mit Ihrer Druckerei, um die Datei zu testen.

Qualität der Abbildungen

Generell gilt: Alle Fotos und Grafiken, die Sie in Ihrem Buch verwenden wollen, müssen in bestmöglicher Qualität und einer besonders hohen Auflösung vorhanden sein. Genauere Hinweise wird Ihnen Ihr Verlag oder Ihre Druckerei geben.

Fotografieren Sie daher bitte mit Ihrer Digitalkamera stets in höchster Auflösung, damit Sie die Bilder in Ihrem Buch verwenden können. Der Druck eines Bildes erfordert eine andere Qualität als z. B. die Veröffentlichung im Internet.

Für den Druck sollten die Abbildungen in einer Auflösung von mindestens 300 dpi vorliegen. Mit dpi misst man die sogenannte „Punktdichte", dpi bedeutet „dots per inch" (engl.: Punkte pro Zoll).

Wenn Sie Bilder in Graustufen verwenden, sollten diese in einer Auflösung von mindestens 600 dpi vorliegen, bei reinen Strichzeichnungen sind oft sogar 1200 dpi erforderlich.

In einem Grafikprogramm finden Sie die Bezeichnung Pixel/Zoll. Dasselbe Bild wäre bei einer Auflösung von nur 72 dpi wesentlich größer, d. h. je geringer die Auflösung, desto größer das Bild, oder: je höher die Auflösung, desto kleiner das Bild.

Wir verwenden das Programm *Adobe Photoshop* für die Bearbeitung der Fotos und Grafiken, da es im Zusammenspiel mit *Adobe InDesign* optimal ist.

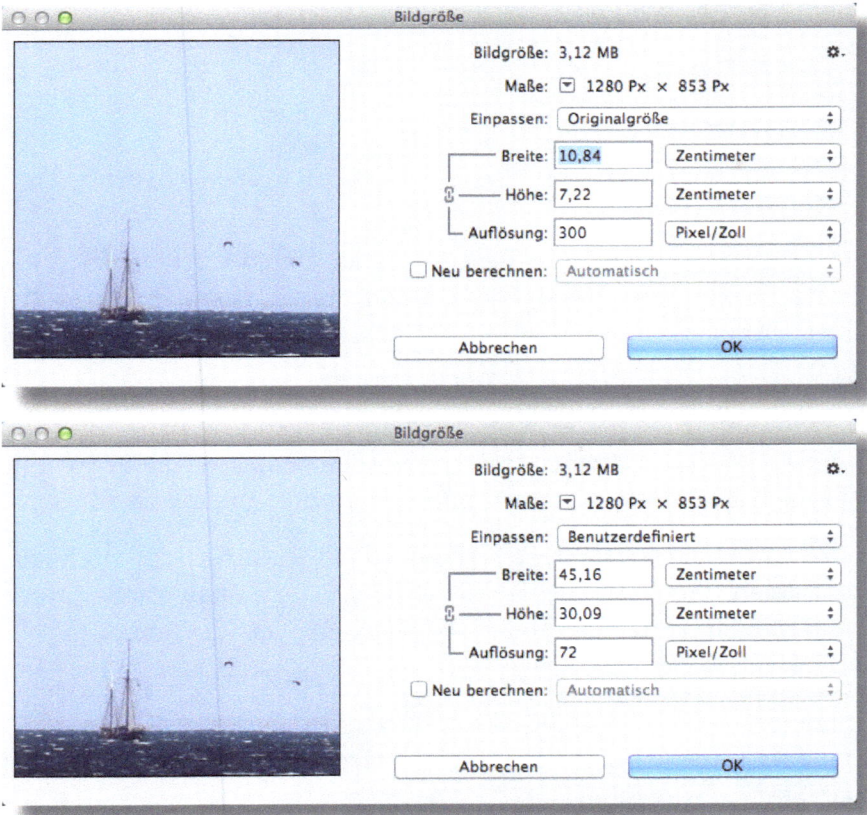

17

Aufbau des Buches

Als Self-Publisher sollten Sie die folgenden Tipps zum Aufbau eines Buches beachten. Die meisten On-Demand-Anbieter stellen *Word*-Vorlagen zur Verfügung, in denen die formalen Bestandteile des Buches vorgegeben sind. Ich rate Ihnen, keine Standard-Vorlagen zu verwenden, sondern lieber ein individuelles Layout zu gestalten. Dieses können Sie immer wieder verwenden, falls Sie mehrere Bücher in *InDesign* gestalten.

Und das sind die üblichen formalen Bestandteile eines Buches:

Titelei – Hauptteil – Anhang

Titelei

Die ersten Seiten bis zum Textbeginn nennt man auch *Titelei*. Diese Seiten bekommen keine Seitenzahlen, werden jedoch mitgezählt. Der Text beginnt meist auf der Seite 7.

Der *Schmutztitel* enthält normalerweise nur den Namen des Autors sowie den Titel des Buches. Der Name *Schmutztitel* stammt noch aus der Zeit, als Bücher nicht gebunden wurden. Die erste Seite soll den Buchblock schützen und enthält den Titel des Buches.

Die zweite Seite kann leer bleiben, eine Widmung oder ein Motto enthalten. Der *Haupttitel* auf der dritten Seite enthält den kompletten Titel mit Untertitel und meist auch den Verlagsnamen.

Die vierte Seite enthält das *Impressum*: Hier stehen alle wesentlichen Angaben über die Herkunft des Buches und seiner Inhalte, also Angaben zu Verlag, Autor, Herausgeber, Bild-, Text- und Übersetzungsrechten.

Beate Forsbach
So publizieren Sie
Ihr Buch

*Was dir die Welt in goldne Bücher schreibt
macht nicht wirklich reich,
aber die Liebe bleibt ...*

In Erinnerung an
Hans Christian
(1937-2014)

Beate Forsbach

So publizieren Sie
Ihr Buch

**Vom Manuskript
bis zum Selbstverlag**

Mit Tipps zu Word 2011/2013 und InDesign CC

Edition Forsbach

Bibliografische Information der Deutschen Nationalbibliothek:

Die Deutsche Nationalbibliothek verzeichnet diese Publikation
in der Deutschen Nationalbibliografie; detaillierte bibliografische
Daten sind im Internet über http://dnb.d-nb.de abrufbar

 **Edition Forsbach**
Bücher & Mee(h)r

© Edition Forsbach, Fehmarn 2015

www.edition-forsbach.de

ISBN 978-3-943134-23-0

Coverbild: © trotzolga - Fotolia.com

Printed in Germany

Auf der fünften bzw. siebten Seite beginnt das *Inhaltsverzeichnis*, das auch zwei oder mehr Seiten umfassen kann.

Die Seiten der Titelei erhalten keine Seitenzahlen, das Inhaltsverzeichnis kann bereits mit Seitenzahlen versehen sein.

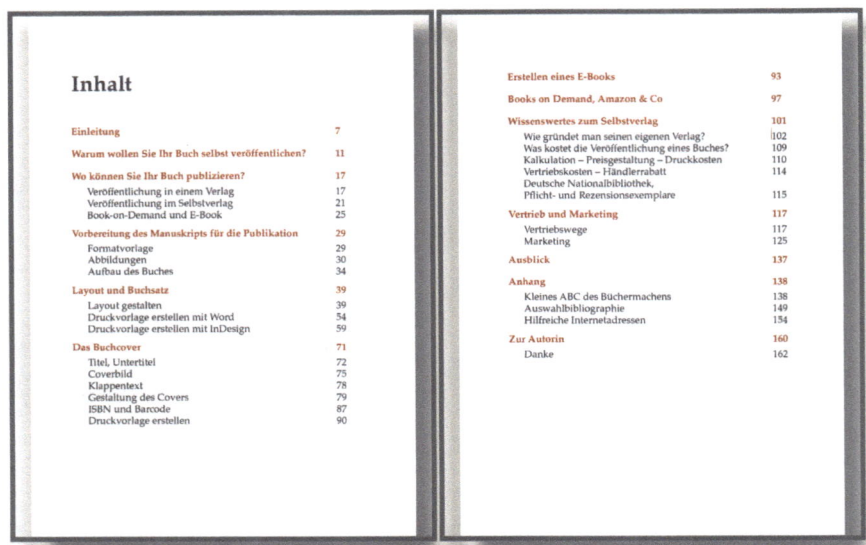

Hauptteil

Der *Hauptteil* mit dem eigentlichen Text beginnt auf der ersten rechten Seite nach dem Inhaltsverzeichnis, also in der Regel auf Seite 7 oder 9. Hier beginnt meist auch die Seitennummerierung.

Die dann folgenden *Kapitel* beginnen jeweils auf der rechten Seite, auch wenn die Seite davor frei bleibt. In Büchern mit kürzeren Kapiteln kann jedes Kapitel einfach auf der nächsten Seite beginnen.

Alle freien Seiten erhalten keine Seitenzahlen.

Der Text kann mit einem *Vor-wort* und / oder einer *Einleitung* beginnen. Beides kann auch vom Herausgeber oder Verleger geschrieben werden, oder aber von einem anderen Autor, der für das Thema des Buches eine gewisse Bedeutung hat.

Ein Vorwort wird häufig noch zur Titelei gezählt.

Anhang

Nach dem Haupttext werden Informationen für den Leser zusammengestellt: Eine Übersicht über die *verwendete Literatur*, hilfreiche *Internetadressen*, ein *Register* (Namen- oder Sachregister mit Seitenzahlen) oder ein *Glossar* (Liste von Begriffen mit Erläuterungen), ein *Bild- und Textnachweis*.

Außerdem können Sie ein *Nachwort*, ein *Dankeschön* sowie ein *Autorenprofil* formulieren.

Falls Sie bereits mehrere Bücher geschrieben haben oder z. B. Seminare anbieten, können Sie ganz am Schluss des Buches *Werbeseiten* einfügen. Für Sie als Autor und Selbstverleger ist es wichtig, Ihre Leser auch auf Ihre zukünftigen Bücher aufmerksam zu machen. Die Werbeseiten brauchen Sie übrigens auch nicht zu nummerieren.

21

Layout

Als Self-Publisher sollten Sie sich mit den Grundregeln für Layout und Typographie beschäftigen.

In diesem Kapitel erfahren Sie einige grundlegende Informationen und Anleitungen zur Gestaltung des Layouts.

Schauen Sie sich zunächst Bücher an, die eine ähnliche Ausstattung wie Ihr Buch haben.

- Welches Format gefällt Ihnen gut?

- In welchem Buch lesen Sie gerne und mühelos?

- Gefällt Ihnen die verwendete Schrift, sind die Überschriften klar zu erkennen oder herrscht ein Wirrwarr verschiedener Schriften?

- Wie viele weiße Flächen gibt es in dem Buch?

- Wie viele Abbildungen gibt es und wie sind die angeordnet?

Um das Layout zu gestalten, sind verschiedene Elemente festzulegen:

- das Buchformat
- der Satzspiegel
- die Größe und Art der Schriften
- der Seitenumfang
- die weißen Flächen
- das Verhältnis von Text zu Bild

Buchformat

Zunächst sollten Sie sich für ein *Buchformat* entscheiden. Soll Ihr Buch im Hoch- oder Querformat erscheinen? Wie groß soll die Seite sein?

Gängige Buchformate sind:

- 10,5 x 15 cm
- 11,5 x 18,5 cm
- 12 x 19 cm
- 13,5 x 21,5 cm
- 14,8 x 21 cm
- 15,5 x 22 cm
- 17 x 22 cm
- 17 x 24 cm
- 21 x 29,7 cm

Es gibt heute keine Standardformate für Bücher. Es werden zwar manchmal Empfehlungen ausgesprochen, wie z. B. 12,4 x 18,9 cm für Romane, 15,5 x 22 cm für Sachbücher und 17 x 24 cm für Fachbücher. Aber letztlich bestimmt jeder Autor und jeder Verlag seine bevorzugten Buchformate.

Wenn man das Seitenverhältnis berechnet, so gibt es einige besondere Formate, die beliebter sind als andere: Der sogenannte „Goldene Schnitt" meint ein Seitenverhältnis von 1: (ca.) 1,618, DIN-Formate haben das Seitenverhältnis 1: (ca.) 1,414, mit „Oktav" bezeichnet man ein Seitenverhältnis von 2:3, mit „Quart" das Verhältnis 3:4.

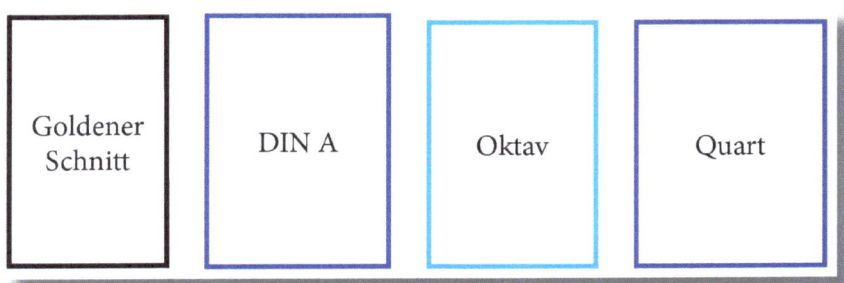

| Goldener Schnitt | DIN A | Oktav | Quart |

Schauen Sie sich verschiedene Bücher an und wählen Sie das Format, das Ihnen gut gefällt und zu Ihrem Buch passt. Erkundigen Sie sich auch bei der Druckerei, die Ihr Buch herstellen soll. Manchmal gibt es Einschränkungen oder auch Preisunterschiede, z. B. wenn das Buch größer als DIN A5 ist. Bei einigen Druckereien gibt es Formatklassen, z. B.:

- 12,5 x 19,0 cm
- 14,8 x 21,0 cm
- 15,5 x 22,5 cm
- 17,0 x 24,0 cm

Innerhalb einer Formatklasse kosten alle Bücher, deren Maße kleiner als die angegebenen sind, im Druck gleich viel.

Das Buchformat alleine ist nicht ausschlaggebend für das optimale Aussehen Ihres Buches. Auch der Satzspiegel, die gewählte Schrift, die Schriftgröße und der Abstand zwischen den Zeilen und Absätzen sind wichtig, um ein optimal lesbares Buch für die jeweilige Zielgruppe zu erstellen. So wird das Format und Seitenlayout eines Unterhaltungsromans ein anderes Bild ergeben als bei einem Fachbuch oder einem Buch für Kinder oder ältere Menschen. Gehen Sie hier auch nach Ihrem Geschmack und befragen Sie einige Testleser zur Lesbarkeit Ihres gewählten Layouts.

Satzspiegel

Als nächstes bestimmen Sie den *Satzspiegel*, das ist der bedruckte Bereich auf der Seite. Der Satzspiegel hängt von der Breite der Seitenränder ab.

Den oberen Rand nennt man auch *Kopfsteg*, den unteren *Fußsteg*, den äußeren Rand *Außensteg* und den inneren Rand *Innensteg*.

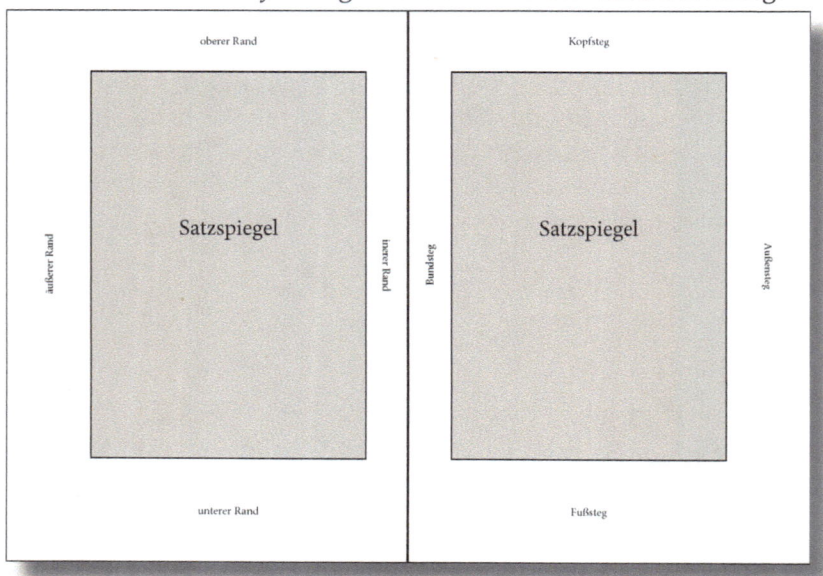

Das Verhältnis der Ränder zueinander kann nach verschiedenen Methoden berechnet werden. Ein gängiges Raster ist die *Neunerteilung*, in der die Seitenränder im Verhältnis 2:3:4:6 stehen.

Für eine Seite im Format (144 x 216 mm) bedeutet das:

- Oberer Rand: 24 mm

- Unterer Rand: 48 mm

- Innerer Rand: 16 mm

- Äußerer Rand: 32 mm

Der Satzspiegel hat dann die Maße 96 x 144 mm.

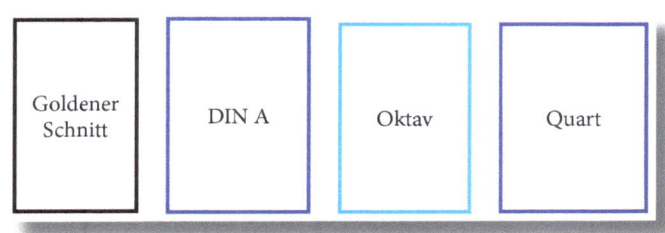

Ein weiteres gängiges Raster ist die *Zwölferteilung*, in der die Seitenränder im Verhältnis 3:4:6:8 stehen.

Für eine Seite im Format (180 x 240 mm) bedeutet das:

- Oberer Rand: 20 mm

- Unterer Rand: 40 mm

- Innerer Rand: 15 mm

- Äußerer Rand: 30 mm

Der Satzspiegel hat dann die Maße 135 x 180 mm.

27

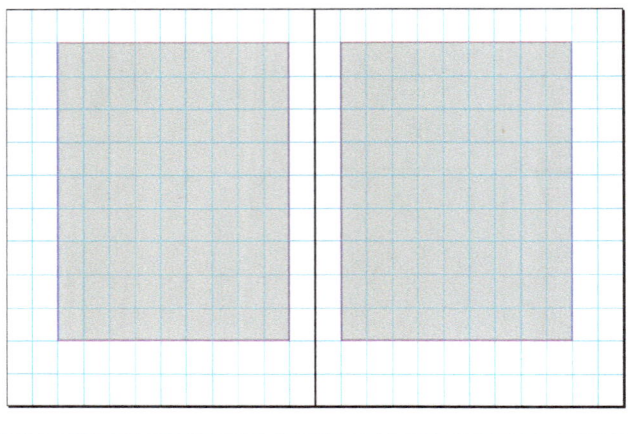

Ein Satzspiegel, der so viel Raum auf einer Seite einnimmt, ist besonders beliebt bei Autoren, die ihre Bücher im Print-on-Demand-Verfahren herstellen. Sie benötigen weniger Seiten und können damit den Druckpreis senken. Allerdings ist zu bedenken, dass ein derartiger Satzspiegel insbesondere bei größeren Buchformaten die gute Lesbarkeit einschränken kann, vor allem, wenn überwiegend Text enthalten ist. Bei Büchern mit vielen Abbildungen und kleinen Textblöcken kann ein solches Format dagegen vorteilhaft sein.

Weitere Beispiele finden Sie im „Satzspiegel-Rechner" auf der Website www.boooks.org.

Der gesamte Text und die Abbildungen gehören in den Satzspiegel. Die Seitenzahlen stehen meist auf dem unteren Rand, entweder mittig oder außen unter dem Satzspiegel. In Fachbüchern und wissenschaftlichen Werken setzt man häufig eine Kopfzeile mit integrierter Seitenzahl auf den oberen Rand.

Beispiele:

Nach meinen Vorträgen erzählen mir die Menschen häufig ihre Geschichte. Und ich spüre sehr oft, wie viele Menschen unter der Geschichte leiden, die sie anscheinend *sind*.

Das mit dem „Glücklichsein" ist wirklich extrem einfach. Unser Leben ist im Grunde genommen simpel, wir machen es nur kompliziert, weil wir uns zu Sklaven von Gedanken, Gefühlen, alten Glaubenssätzen und materiellen Dingen machen.

Jeder kann sofort glücklich sein.

Nehmen Sie die Freude, die Kreativität und die eigene Stärke in sich wahr. Machen Sie sich bewusst, dass man Glück nicht kaufen kann!

Menschen, die bewusst sind, tragen das wahre Glück immer in sich, egal, wo sie sind und was sie tun.

Ihr *Wohlstand* ist nicht mehr von äußeren Faktoren abhängig.

Diese Menschen sind wahrhaftig frei!

Das klingt kompliziert?

8

9

Seitenzahlen mittig

„Buona notte, Carlo."

In der Nacht schlief Sina schlecht – so schlecht, dass sie gar nicht erst hätte ins Bett zu gehen brauchen. Morgens gegen fünf war sie schließlich in einen unruhigen Schlaf gefallen. Als Sina schließlich ihre Augen öffnete, brauchte sie eine ganze Weile, um sich an die Helligkeit zu gewöhnen. Noch schlaftrunken tastete sie mit ihrer linken Hand zum Wecker auf dem Nachttisch, strich sich mit der rechten Hand ein paar blonde Haarsträhnen aus der Stirn, um die Uhrzeit besser erkennen zu können.

„Was, schon zehn nach neun? Warum hast du Mistding denn nicht rechtzeitig geklingelt?" Sina schüttelte verzweifelt den Wecker, während sie sich aufrichtete, ihre Beine vor

O. K., sie hatte definitiv verschlafen. Inzwischen war es fast halb zehn. Um zehn Uhr sollte sie die Präsentation für die Firma „Pro Tags GmbH" halten. Das heißt, sie hatte noch eine halbe Stunde Zeit. Das würde sie auf keinen Fall mehr schaffen und – um ehrlich zu sein – sie wollte es in ihrer momentanen Verfassung auch gar nicht. Also musste sie sich etwas einfallen lassen.

Sina stellte das Wasser ab, nahm sich ein Handtuch, wickelte es sich um ihren Körper, stieg aus der Dusche und ging in die Diele zum Telefon.

„Werbeagentur Wieland, Sie sprechen mit Beate Reimann."

„Hallo Bea, hier ist Sina. Du, ich weiß, es ist äußerst unpassend, aber ich kann heute nicht kommen. Ähm, ich habe mir anscheinend so einen blöden grippalen Infekt eingefangen.

10

11

Seitenzahlen außen

die Trennung in Haupt- und Nebenfächer sowie das intellektuelle Übergewicht der Schule. Er bemängelte das „Prüfungs- und Zeugniswesen" und den Umgang mit der Versagensangst der Schüler, die übertriebenen Bewegungseinschränkungen während des Unterrichts, sowie die strenge Einteilung in „Zeitquanten" (PETERSEN 1926, S. 8-24).

SKIERA hat die entscheidenden Motive zusammengestellt, die in der Entwicklung der reformpädagogischen Ansätze bis heute weiterhin Gültigkeit haben. So findet man in nahezu allen Reformschulen folgende Merkmale (SKIERA 1990, S. 11):

Kopfzeile mit Seitenzahl

29

Größe und Art der Schriften

Neben dem Seitenformat und dem Satzspiegel beeinflussen auch die *Schriften* mit ihrer Größe und ihrer Art das Erscheinungsbild Ihres Textes.

Es gibt unzählig viele Schriften, aber nicht alle sind für den Buchsatz geeignet. Im Internet finden Sie Tausende von kostenlosen Schriften, Sie können aber auch viel Geld für manche Schriften bezahlen. Verwenden Sie am besten einfach die Schriften, die auf Ihrem Computer installiert sind.

Man unterscheidet *Serifenschriften* und *serifenlose* Schriften. Serife nennt man die feinen Striche, die quer zur Grundrichtung eines Buchstabenstriches stehen. Die bekannteste Serifenschrift ist *Times New Roman*, die bekannteste serifenlose Schrift ist *Helvetica*.

Im Buchsatz sind vor allem Serifenschriften gebräuchlich. Sie erleichtern den Lesern, in einer Zeile zu bleiben und zur nächsten Zeile zu finden.

Verwenden Sie möglichst nicht mehr als zwei verschiedene Schriften, sonst wird das Schriftbild zu unruhig. Statt zwei ähnliche Serifenschriften, z. B. für Text und Überschriften zu wählen, empfiehlt es sich, für den Text eine Serifenschrift und für die Überschriften eine serifenlose Schrift zu wählen.

Im ersten Beispiel sind Überschriften aller Ebenen und der Text in *Palatino* gesetzt, im zweiten Beispiel sind die Überschriften in *Arial*, einer serifenlosen Schrift, gesetzt.

4. Layout und Buchsatz

Wollen Sie Ihr Buch selber publizieren, sollten Sie sich mit einigen Grundregeln für Layout und Typographie beschäftigen. Bei einem der zahlreichen Book-on-Demand-Anbieter bekommen Sie vielfältige Hilfen, meist auch Formatvorlagen und Tipps zur Erstellung einer Druckvorlage.

In diesem Kapitel erfahren Sie einige grundlegende Informationen und Anleitungen zur Gestaltung des Layouts. Schauen Sie sich zunächst Bücher an, die eine ähnliche Ausstattung wie Ihr Buch haben. Welches Format gefällt Ihnen gut? In welchem Buch lesen Sie gerne und mühelos? Gefällt Ihnen die verwendete Schrift, sind die Überschriften klar zu erkennen oder herrscht ein Wirrwarr verschiedener Schriften? Wie viele weiße Flächen gibt es in dem Buch? Wie viele Abbildungen gibt es und wie sind die angeordnet?

Layout gestalten

Dazu sind verschiedene Elemente festzulegen:

4. Layout und Buchsatz

Wollen Sie Ihr Buch selber publizieren, sollten Sie sich mit einigen Grundregeln für Layout und Typographie beschäftigen. Bei einem der zahlreichen Book-on-Demand-Anbieter bekommen Sie vielfältige Hilfen, meist auch Formatvorlagen und Tipps zur Erstellung einer Druckvorlage.

In diesem Kapitel erfahren Sie einige grundlegende Informationen und Anleitungen zur Gestaltung des Layouts. Schauen Sie sich zunächst Bücher an, die eine ähnliche Ausstattung wie Ihr Buch haben. Welches Format gefällt Ihnen gut? In welchem Buch lesen Sie gerne und mühelos? Gefällt Ihnen die verwendete Schrift, sind die Überschriften klar zu erkennen oder herrscht ein Wirrwarr verschiedener Schriften? Wie viele weiße Flächen gibt es in dem Buch? Wie viele Abbildungen gibt es und wie sind die angeordnet?

Layout gestalten

Dazu sind verschiedene Elemente festzulegen:

31

Außer der Schrift selber prägen noch der Schriftschnitt, die Schriftgröße und der Zeilenabstand das jeweilige Schriftbild. Außerdem ist noch die Ausrichtung der Schrift zu beachten.

Unter *Schriftschnitt* versteht man die verschiedenen Ausprägungen der Schrift wie *Standard* (Regular), *Kursiv* (Italic), *Fett* (Bold) oder *Fett kursiv* (Bold Italic).

In *InDesign* finden Sie die Schriften im Menü *Schrift* und ebenfalls in der *Steuerelement-Palette*. Hier sind unter der Schriftbezeichnung in einem gesonderten Ausklappmenü die Schriftschnitte zu sehen und durch Klick auszuwählen.

Bold Cond

Bold Cond Italic

Regular

Italic

Medium

Medium Italic

Semibold

Semibold Italic

Bold

Bold Italic

Am Beispiel der Schrift *Minion Pro* sehen Sie zehn verschiedene Schriftschnitte. *Cond* (von Condensed) bedeutet „schmal", *Medium* bedeutet „mittel" und *Semibold* bedeutet „halbfett".

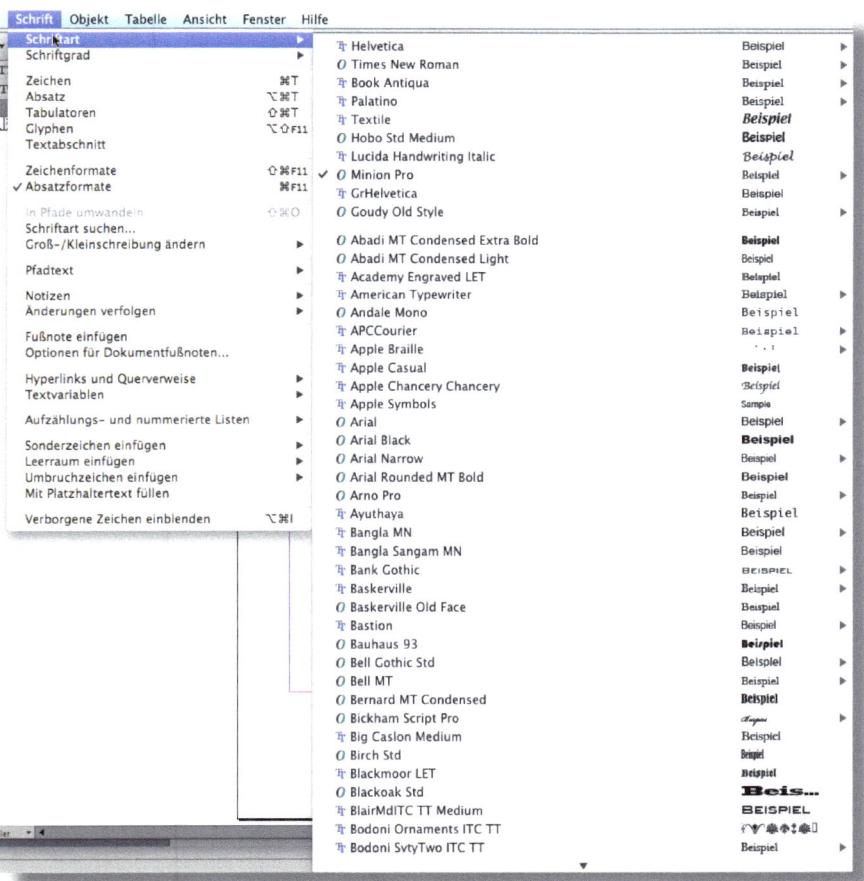

Dann gibt es noch spezielle **Effekte** wie Kapitälchen oder GROSS-BUCHSTABEN – in beiden Versionen gibt es kein „ß", so dass man die Worte mit „ss" schreiben muss.

Diese Effekte sollte man immer nur für einzelne Worte anwenden, da ein Text nur in Kapitälchen oder nur in Großbuchstaben geschrieben schwer lesbar ist.

DIESE EFFEKTE SOLLTE MAN IMMER NUR FÜR EINZELNE WORTE ANWENDEN, DA EIN TEXT NUR IN KAPITÄLCHEN GESCHRIEBEN SCHWER LESBAR IST.

DIESE EFFEKTE SOLLTE MAN IMMER NUR FÜR EINZELNE WORTE ANWENDEN, DA EIN TEXT NUR IN GROSSBUCH-STABEN GESCHRIEBEN SCHWER LESBAR IST.

Die *Schriftgröße* wird in Punkten (Pt) gemessen, Maßeinheit ist der sogenannte DTP-Punkt, der rund 0,5 Millimeter beträgt. Sinnvoll in Büchern sind Schriftgrößen von 9 bis 12 Pt. Dabei ist zu beachten, dass die optische Schriftgröße bei unterschiedlichen Schriften durchaus unterschiedlich sein kann.

Beispiele:

Palatino 12
Georgia 12
Book Antiqua 12
Calibri 12

Nicht alle Schriften, die es in *Word* gibt, sind auch in *InDesign* vorhanden – und umgekehrt. Wenn Sie Ihr Manuskript in *Word* geschrieben haben und in *InDesign* setzen wollen, dann ist es egal, welche Schriftart Sie im *Word*-Dokument wählen. Sie können in *InDesign* die gewünschten Schriften für den Druck festlegen.

Auch der *Zeilenabstand* kann unterschiedlich eingestellt werden:

In *InDesign* können Sie den Zeilenabstand in der Steuerelement-Palette sowie im Fenster *Absatzformatoptionen* einstellen.

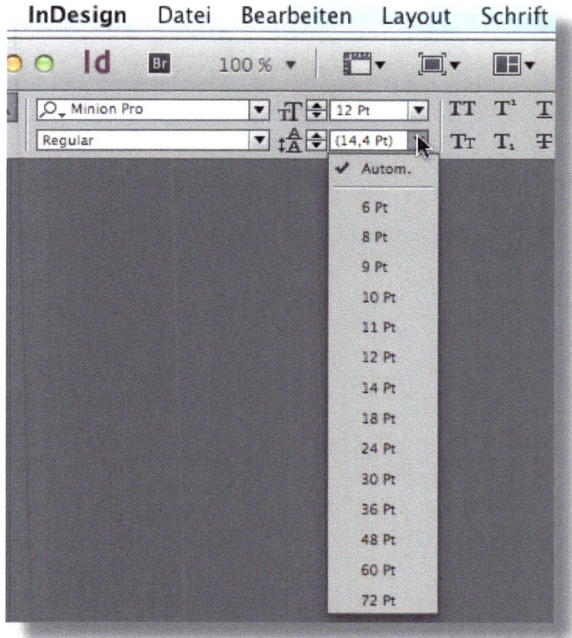

Wenn Sie den Zeilenabstand *automatisch* einstellen lassen, dann beträgt er 120 % von der Schriftgröße. Bei einer Schriftgröße von 12 Pt. sind das 14,4 Pt. Der Zeilenabstand sollte nicht kleiner als die Schriftgröße sein, aber auch nicht größer als die doppelte Schriftgröße.

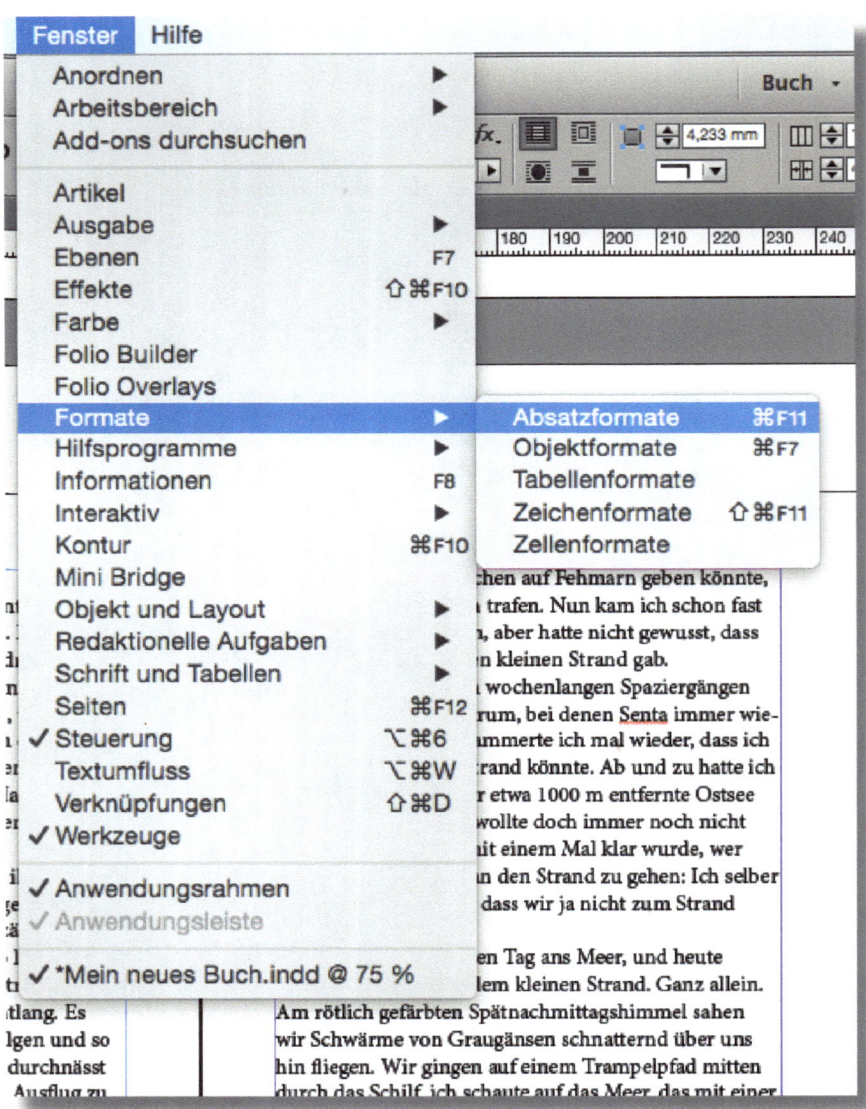

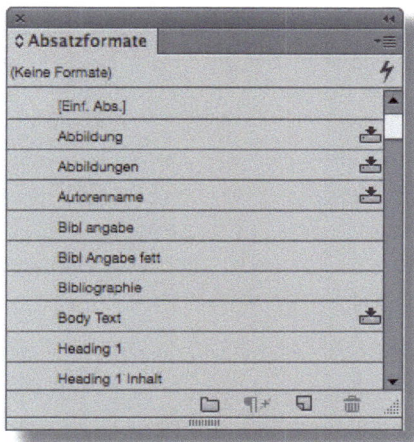

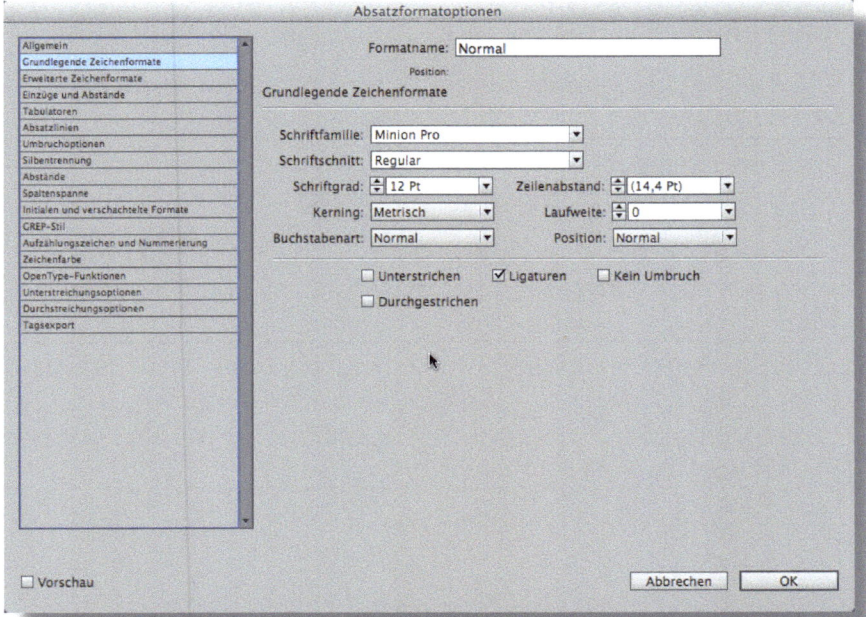

Noch ein paar Tipps zu den Schriften:

Man unterscheidet den **Gedankenstrich** „–" und den **Trenn- bzw. Bindestrich** „-".

Oft wandelt *Word* den Gedankenstrich automatisch um (er ist länger als der Bindestrich). Man kann ihn in *Word* 2011 über die Tastenkombination „alt –" erzeugen, bzw. in *Word* 2013 über die Tastenkombination „Strg –", wobei das Minus auf der numerischen Tastatur getippt werden muss.

Wenn man eine solche nicht hat, kann man den Gedankenstrich auch über das Menü *Einfügen – Symbol – Sonderzeichen* einfügen, hier heißt der Gedankenstrich „Halbgeviertstrich".

Hinter jedem **Satzzeichen** folgt ein Leerzeichen, vor den **Auslassungspunkten** ebenfalls …

Die drei Punkte können Sie durch die Tastenkombination „alt ." (*Word* 2011) bzw. „Alt Gr ." (*Word* 2013) erzeugen.

Anführungsstriche sollten einheitlich verwendet werden, entweder nur die „deutsche" oder nur die «französische» Version.

In *Word* 2011 finden Sie diese Zeichen über das Menü *Einfügen – Symbol – Erweitertes Symbol*, in *Word* 2013 ebenfalls über das Menü *Einfügen – Symbol – Weitere Symbole*.

Einfache ‚Anführungsstriche' bzw. das Apostroph' (Auslassungszeichen) sollten nicht mit Akzenten verwechselt werden: Das Apostroph steht für fehlende Buchstaben, z. B. für's, die Akzente stehen über den Buchstaben, z. B. Exposé.

Weiße Flächen: Horizontale und vertikale Ausrichtung

Nicht nur die Seitenränder bestimmen die weißen Flächen auf der Buchseite. Auch die Abstände zwischen den Zeilen, zwischen den Absätzen sowie zwischen Text und Bildern bestimmen weiße Flächen. Die Ränder der weißen Flächen werden weiter bestimmt durch die Art des Satzes. Sie können die *horizontale Ausrichtung* des Textes – also links, zentriert, rechts oder Blocksatz – im Fenster *Absatzformatoptionen* festlegen

Die *vertikale Ausrichtung* – also oben, unten, zentriert oder Blocksatz, der in *InDesign* als Vertikaler Keil bezeichnet wird – finden Sie über *Textrahmenoptionen* (nach Klick auf die rechte Maustaste).

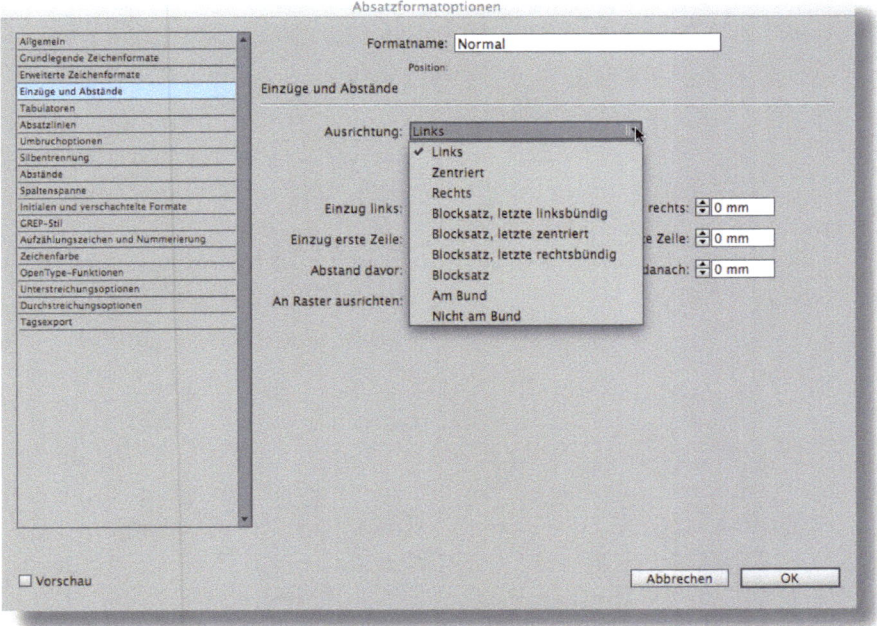

Horizontale Ausrichtung

Blocksatz

Es gibt unzählig viele Schriften, aber nicht alle sind für den Buch-satz geeignet. Es gibt im Internet Tausende von kostenlosen Schrif-ten, aber Sie können auch viel Geld für manche Schriften bezah-len. Verwenden Sie am besten einfach die Schriften, die auf Ihrem Computer installiert sind.

Linksbündig

Es gibt unzählig viele Schriften, aber nicht alle sind für den Buchsatz geeignet. Es gibt im Internet Tausende von kostenlosen Schriften, aber Sie können auch viel Geld für manche Schriften bezahlen. Verwenden Sie am besten einfach die Schriften, die auf Ihrem Computer installiert sind.

Rechtsbündig

Es gibt unzählig viele Schriften, aber nicht alle sind für den Buchsatz geeignet. Es gibt im Internet Tausende von kostenlosen Schriften, aber Sie können auch viel Geld für manche Schriften bezahlen. Verwenden Sie am besten einfach die Schriften, die auf Ihrem Computer installiert sind.

Zentriert

Es gibt unzählig viele Schriften, aber nicht alle sind für den Buchsatz geeignet. Es gibt im Internet Tausende von kostenlosen Schriften, aber Sie können auch viel Geld für manche Schriften bezahlen. Verwenden Sie am besten einfach die Schriften, die auf Ihrem Computer installiert sind.

Vertikale Ausrichtung

oben

zentriert

unten

Vertikaler Keil

Irgendwann hatten wir einen Wiesenweg entdeckt, der von
Neujellingsdorf direkt ans Meer führt. Das Wasser erschien
mir dort neben der Straße modrig und ich mochte es nicht,
wenn Senta hinein lief. Hinter
radwanderweg gebaut, und
spazieren, meist um das ganz
Tor im Gartenzaun bekomm
Senta über die Hauptstraße
den freilaufenden Hühnern g

Dann lernte ich Karin ken
Retrieverhündin Jenny zu u
spazieren. Meine „Hundefre
nen Strand, den sie und Jenn
Sonntags liefen wir vier im
immer weiter am Ufer entlan
nen und nassen Algen, und s
derten völlig durchnässt zuri
diesen Ausflug zu genießen.

Im Sommer lernte ich dan
kennen. Wir wanderten imm
de tobten und schwammen i
Sonne auf einen Stein, plaude
naus. Dann entdeckten wir ei
und wir badeten mit den Hu

Nie hätte ich gedacht, dass
idyllisches Fleckchen auf Fe
keine Touristen trafen. Nun
Fehmarn, aber hatte nicht ge
schen kleinen Strand gab.

Vor einer Woche, nach wo
mer um das Feld herum, bei
ninchen jagte, jammerte ich

Einfügen	⌘V
Unformatiert einfügen	⇧⌘V
Schriftart	▶
Schriftgrad	▶
Suchen/Ersetzen...	⌘F
Rechtschreibprüfung	▶
Textrahmenoptionen...	**⌘B**
Verankertes Objekt	▶
Groß-/Kleinschreibung ändern	▶
Verborgene Zeichen einblenden	⌥⌘I
Fußnote einfügen	
Variable einfügen	▶
Sonderzeichen einfügen	▶
Leerraum einfügen	▶
Umbruchzeichen einfügen	▶
Mit Platzhaltertext füllen	
Tag für Text	▶
Tags automatisch erstellen	⌥⇧⌘F7
Interaktiv	▶
Im Textmodus bearbeiten	⌘Y

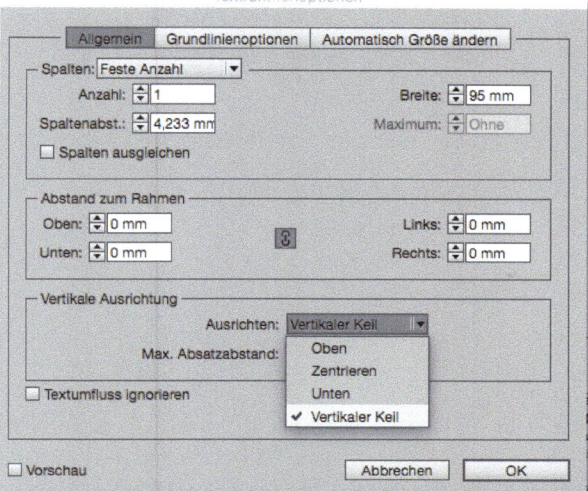

en Wiesenweg entdeckt, der von ... leer führt. Das Wasser erschien ... ...odrig und ich mochte es nicht, ... unserem Haus wurde ein Fahr- ... fortan ging ich dort mit Senta ... e Feld herum. Nachdem wir ein Tor im Gartenzaun bekommen hatten, ersparte ich mir, mit Senta über die Hauptstraße oder vorbei am Bauernhof mit den freilaufenden Hühnern gehen zu müssen.

Dann lernte ich Karin kennen. Sie kam mit ihrer Golden Retrieverhündin Jenny zu uns, und wir gingen gemeinsam spazieren. Meine „Hundefreundin" erzählte von einem klei- nen Strand, den sie und Jenny so liebten. Und eines schönen Sonntags liefen wir vier im strömenden Regen zum Meer, immer weiter am Ufer entlang. Es war glitschig auf den Stei- nen und nassen Algen, und so kehrten wir bald um und wan- derten völlig durchnässt zurück. Die beiden Hunde schienen diesen Ausflug zu genießen.

Im Sommer lernte ich dann endlich den „kleinen Strand" kennen. Wir wanderten immer am Wasser entlang, die Hun- de tobten und schwammen im Wasser. Wir setzten uns in der Sonne auf einen Stein, plauderten und schauten aufs Meer hi- naus. Dann entdeckten wir eine Steilküste und einen Seesteg, und wir badeten mit den Hunden an dem kleinen Strand.

Nie hätte ich gedacht, dass es mitten im Sommer ein solch idyllisches Fleckchen auf Fehmarn geben könnte, wo wir keine Touristen trafen. Nun kam ich schon fast 37 Jahre nach Fehmarn, aber hatte nicht gewusst, dass es einen solch hüb- schen kleinen Strand gab.

Vor einer Woche, nach wochenlangen Spaziergängen im- mer um das Feld herum, bei denen Senta immer wieder Ka- ninchen jagte, jammerte ich mal wieder, dass ich nicht mit

47

43

Verhältnis von Text zu Bild

Schließlich ist das *Verhältnis von Text zu Bild* bestimmend für das Layout.

- Möchten Sie einen Bildband oder ein Buch nur mit Text erstellen?

- Soll Ihr Buch Abbildungen enthalten?

- Wenn ja, wie viele, in Farbe oder Grautönen?

- Sollen die Abbildungen in die Textseiten integriert werden oder soll es eigene Bildseiten im Buch geben?

Diese Fragen sollten Sie vor Beginn der Arbeit am Layout Ihres Buches beantworten. Wollen Sie Ihr Buch dann selber drucken lassen, sollten Sie sich möglichst rechtzeitig über die Möglichkeiten und Preise für verschiedene Formate und Farbdruck informieren.

Der Buchblock

In diesem Kapitel erfahren Sie, wie Sie den Buchblock im Programm *Adobe InDesign* gestalten und eine Druckvorlage für Ihr Buch in *Adobe Acrobat* erstellen können.

Anlegen eines neuen Dokumentes für das Buch

Bevor Sie beginnen, sollten Sie die grundlegenden Parameter für das Layout festlegen.

Wir erläutern Ihnen die Anlage eines neuen Dokumentes anhand eines konkreten Beispiels, ein Buch mit dem Titel „Buchsatz mit InDesign".

- Das *Buchformat* wurde auf 12,4 x 18,9 cm festgelegt.

- Die Breite des *Satzspiegels* beträgt 95 mm, die Höhe 149 mm.

- Das *Layout* wird doppelseitig angelegt, die Ränder betragen: Oben 15 mm, unten 25 mm, innen 14 mm, außen 15 mm

- Als *Schrift* verwenden wir *Minion Pro* in der Größe 12 Pt, der automatische Zeilenabstand beträgt 14,4 Pt.

- Der *Seitenumfang* kann nur geschätzt werden, wir legen 200 Seiten an. Die Seitenzahl sollte durch 4 (bzw. durch 8) teilbar sein, sie kann im Laufe der Arbeit korrigiert werden.

- Der Satz soll im *Blocksatz* erfolgen, farbige Abbildungen werden eingefügt.

45

Dokument einrichten

Legen Sie zunächst ein neues Dokument an, klicken Sie dazu im Menü *Datei* auf *Neu* und dann auf *Dokument*. Für umfangreiche Buchprojekte kann man einzelne *InDesign*-Dokumente für die Kapitel erstellen, hier würde man zunächst ein neues *Buchdokument* erstellen. Wir beschränken uns in dieser Anleitung jedoch darauf, das gesamte Buch in einem *InDesign*-Dokument anzulegen.

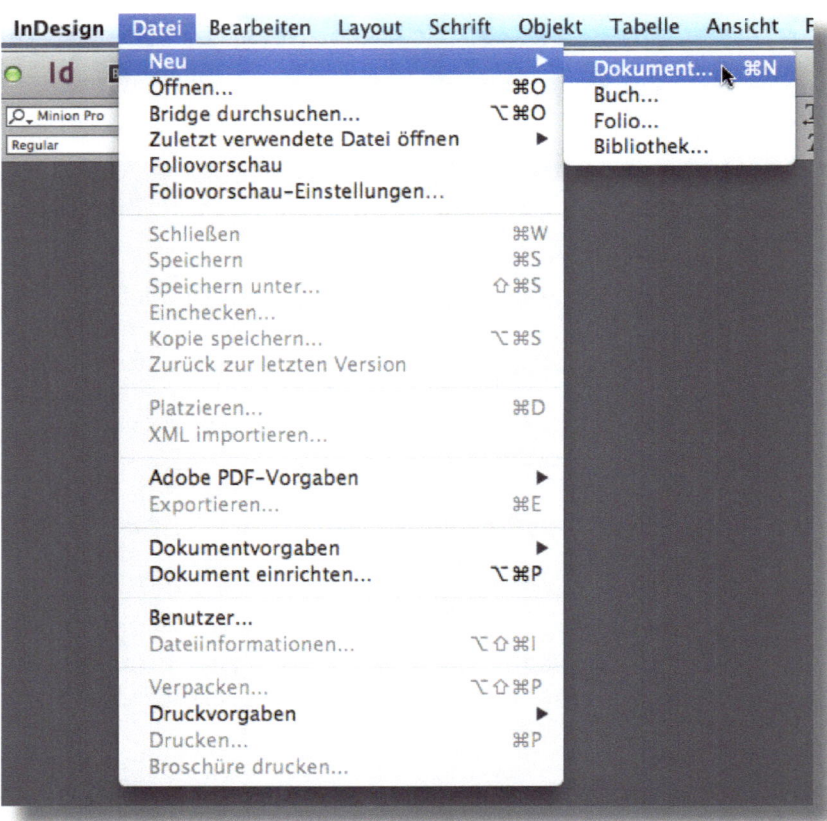

Wählen Sie eine Dokumentvorgabe aus der vorgegebenen Liste oder legen Sie ein neues Dokument nach Ihren Vorgaben an: Dazu wählen Sie in der Liste *Benutzerdefiniert*, benennen Ihr Dokument und speichern es unter dem gewünschten Namen ab.

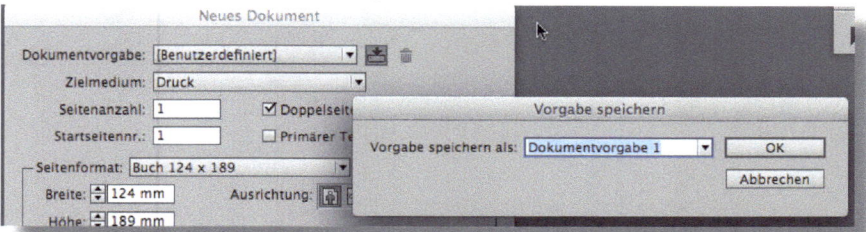

Wählen Sie als **Zielmedium** *Druck* (oder für ein E-Book: *Digitale Veröffentlichung*). Geben Sie die gewünschte **Seitenzahl** ein und klicken Sie auf *Doppelseite*. So wird Ihnen Ihre Buchdatei mit jeweils gegenüber liegenden Seiten angezeigt.

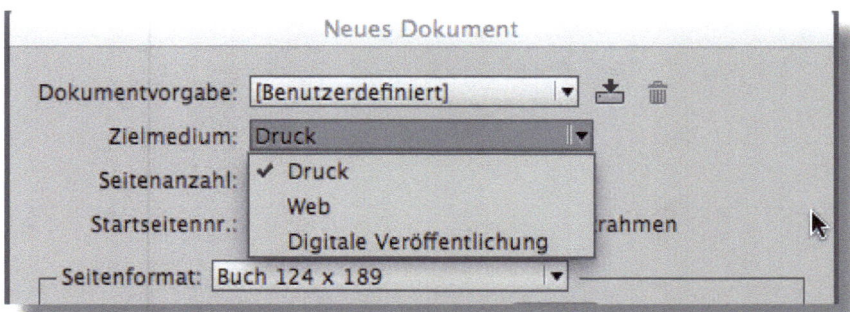

Beim **Seitenformat** können Sie aus einer vorgegebenen Liste auswählen oder ein eigenes Seitenformat (über *Benutzerdefiniert)* festlegen und unter dem gewünschten Namen in der Liste abspeichern. Geben Sie die Maße für **Breite** und die **Höhe** ein und wählen Sie bei *Ausrichtung* **Hoch- oder Querformat**.

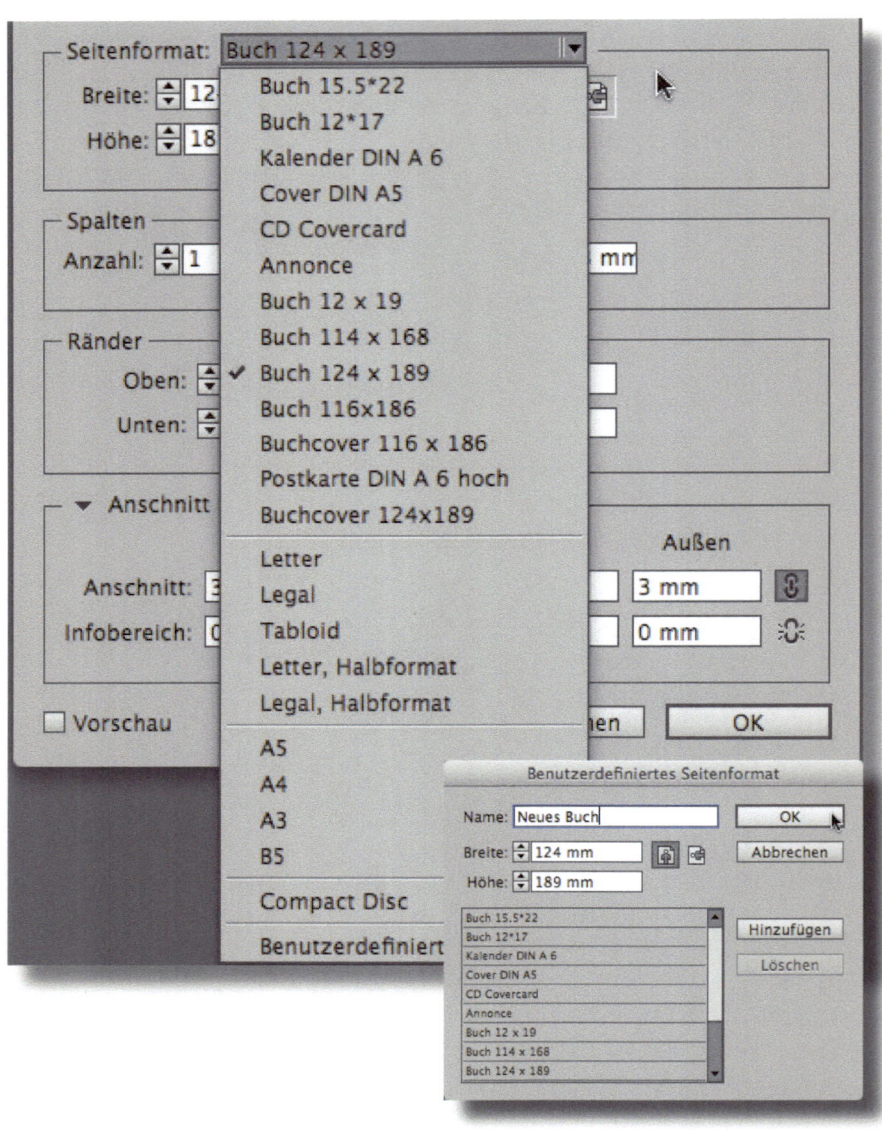

48

Ränder

Legen Sie durch Eingabe der entsprechenden Maße Ihren Satz-spiegel fest.

```
                        Neues Dokument

Dokumentvorgabe:  Buch 124 x 189          ▾   ⭳  🗑

      Zielmedium:  Druck                   ▾

    Seitenanzahl:  200          ☑ Doppelseite

   Startseitennr.: 1            ☐ Primärer Textrahmen

┌─ Seitenformat:  Buch 124 x 189          ▾ ──────────
│
│  Breite: ⭥ 124 mm        Ausrichtung: 🔲 🔲
│
│  Höhe:   ⭥ 189 mm
│
└──────────────────────────────────────────────────

┌─ Spalten ─────────────────────────────────────────
│  Anzahl: ⭥ 1       Spaltenabstand: ⭥ 4,233 mm
└──────────────────────────────────────────────────

┌─ Ränder ──────────────────────────────────────────
│  Oben:  ⭥ 15 mm        Innen:  ⭥ 14 mm
│                    ⚙
│  Unten: ⭥ 25 mm        Außen:  ⭥ 15 mm
└──────────────────────────────────────────────────

┌─ ▾ Anschnitt und Infobereich ─────────────────────
│              Oben      Unten      Innen      Außen
│
│  Anschnitt:  0 mm      0 mm      0 mm      0 mm    🔗
│
│  Infobereich: 0 mm     0 mm      0 mm      0 mm    ⚙
└──────────────────────────────────────────────────

☐ Vorschau              Abbrechen        OK
```

Anschnitt

Hier können Sie eine von der Druckerei geforderte *Beschnittzugabe* anlegen. Beim Buchblock benötigen Sie diese allerdings nur, wenn es Bilder gibt, die bis an den Rand der Seiten reichen.

Nach einem Klick auf „OK" wird Ihr Dokument erzeugt und mit der entsprechenden Seitenzahl angezeigt. Die erste und die letzte Seite werden – wie im fertigen Buch – als Einzelseite angezeigt. Speichern Sie es unter dem gewünschten Namen.

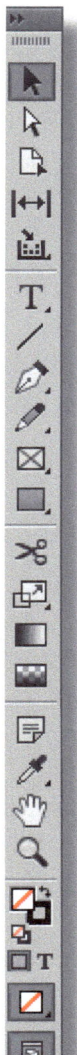

Über der Arbeitsfläche erscheint die *Steuerungsleiste*, links von der Arbeitsfläche erscheint die *Werkzeugleiste* mit allen benötigten Werkzeugen. Diese Leisten können Sie über das Menü *Fenster* ein- und ausschalten.

Je nachdem, welches Werkzeug aktiviert wird, erscheint ein anderes Steuerungsbedienfeld.

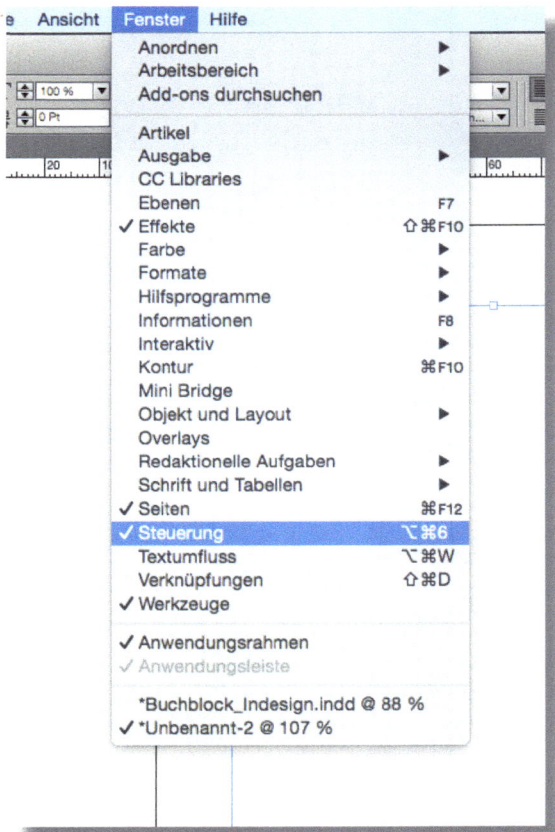

Beim Aktivieren des Auswahlwerkzeugs erscheint dieses Bedienfeld, in dem Sie u. a. die genauen Maße für verschiedene Punkte Ihres Dokumentes ablesen und einstellen sowie die Größe von Objekten verändern können.

Beim Aktivieren des Textwerkzeugs können Sie das Bedienfeld alternativ für die Zeichenformatierung und für die Absatzformatierung einstellen.

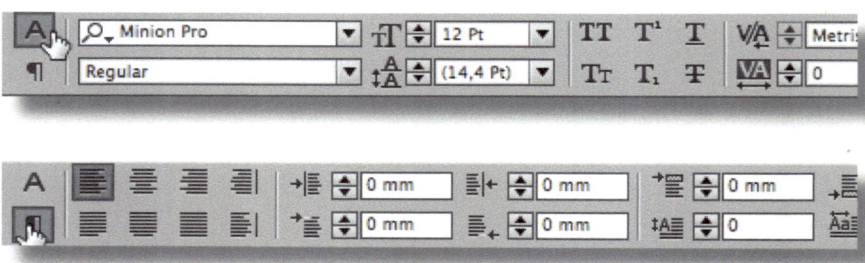

Beim Aktivieren des Werkzeugs *Rechteckrahmen* erscheint dieses Bedienfeld, sobald Sie einen Rahmen für ein Bild aufgezogen haben. Hier können Sie die Position und Größe des Rechteckrahmens ablesen und einstellen, um dort die Abbildungen im Text exakt zu positionieren.

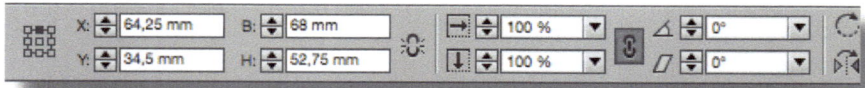

Auf dieser Doppelseite aus Ihrem Dokument sehen Sie drei Begrenzungsrechtecke: Die äußere rote Linie kennzeichnet den Anschnitt, den Sie benötigen, wenn es in Ihrem Buch Abbildungen gibt, die bis zum Seitenrand reichen. Der schwarze Rahmen beschreibt das Seitenformat, und die beiden violetten Rahmen kennzeichnen den Satzspiegel.

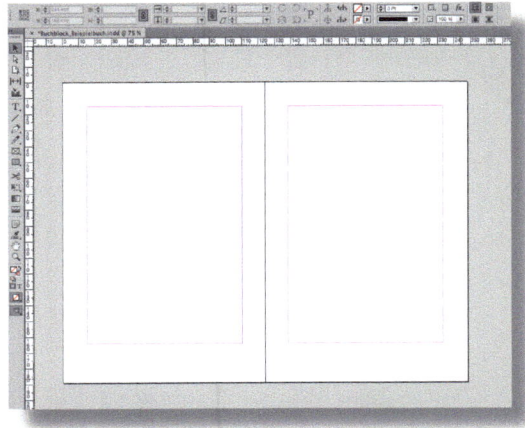

Die nächste Abbildung zeigt eine Doppelseite ohne Anschnitt. Mit diesem Dokument arbeiten wir nun weiter.

Texte importieren I

Sie können Texte direkt in die Seiten schreiben, aus *Word* oder einer anderen Anwendung kopieren und in *InDesign* einfügen oder eine *Word*-Datei importieren.

Schreiben Sie den *Schmutztitel* Ihres Buches auf die erste Seite: Dazu ziehen Sie einen Textrahmen auf – durch Klick auf das Textwerkzeug.

Mit dem Auswahlwerkzeug können Sie den Textrahmen aktivieren, positionieren und in der Größe verändern.

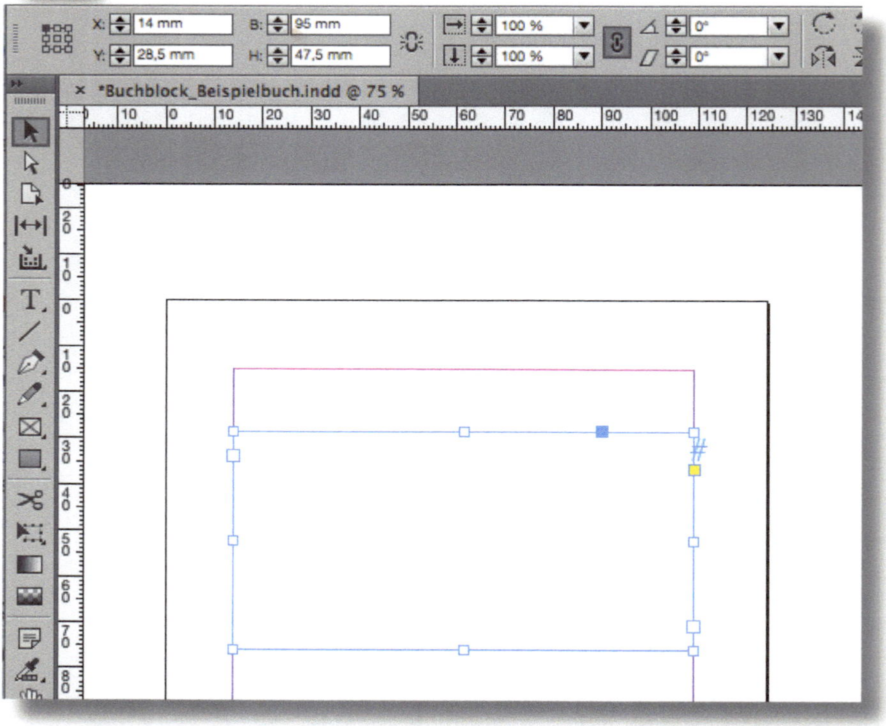

In diesen Rahmen können Sie nun den Namen des Autors und den Titel des Buches hineinschreiben und wie gewünscht formatieren (das Textwerkzeug muss dazu aktiviert sein).

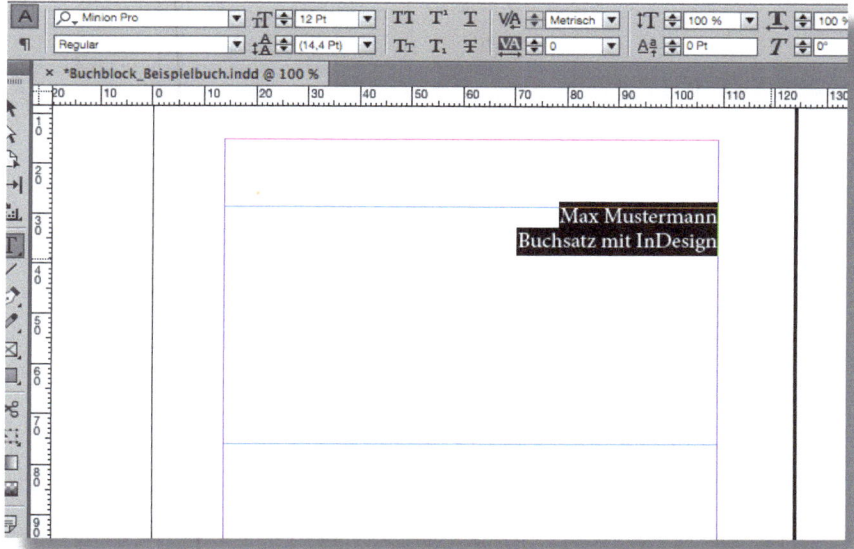

Zum **Formatieren** markieren Sie den Text und wählen die Aus-richtung *rechtsbündig*.

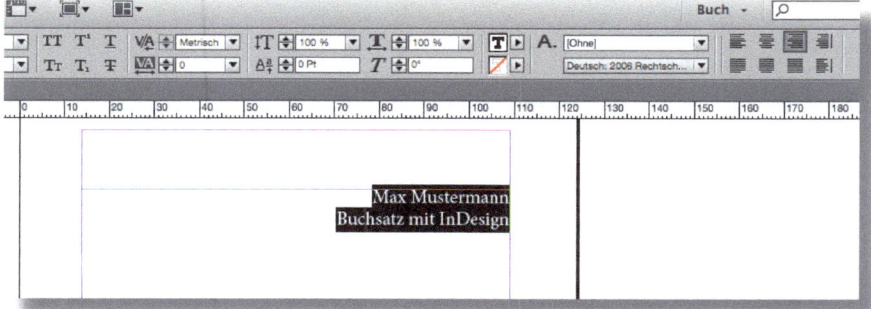

Dann stellen Sie die gewünschte Schrift und die Schriftgröße ein: *Minion Pro* 14 Pt für den Autorennamen, und *Minion Pro* 24 Pt für den Titel.

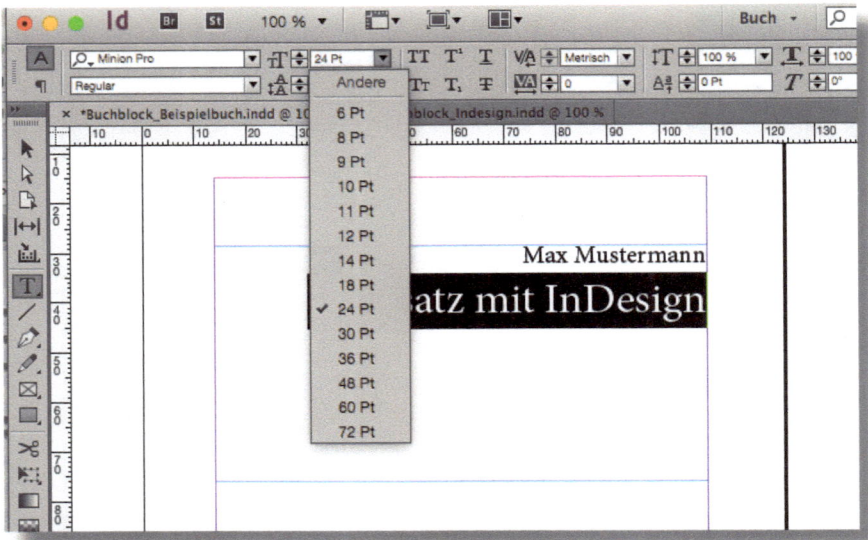

Nun beschriften Sie die folgenden Seiten, so wie es im Kapitel *Aufbau des Buches* (S. 18ff.) beschrieben ist: 2. Seite leer oder mit Widmung oder Motto, 3. Seite Haupttitel, 4. Seite Impressum. Für das Inhaltsverzeichnis lassen Sie einfach ein oder zwei Seiten frei. Das können Sie später automatisch einfügen.

Gestalten Sie nun Schritt für Schritt den Haupttitel und erfahren Sie, wie Sie den Text horizontal und vertikal ausrichten können.

 Ziehen Sie zunächst wieder einen Textrahmen auf, diesmal in der durch die violetten Linien vorgegebenen Größe des Satzspiegels.

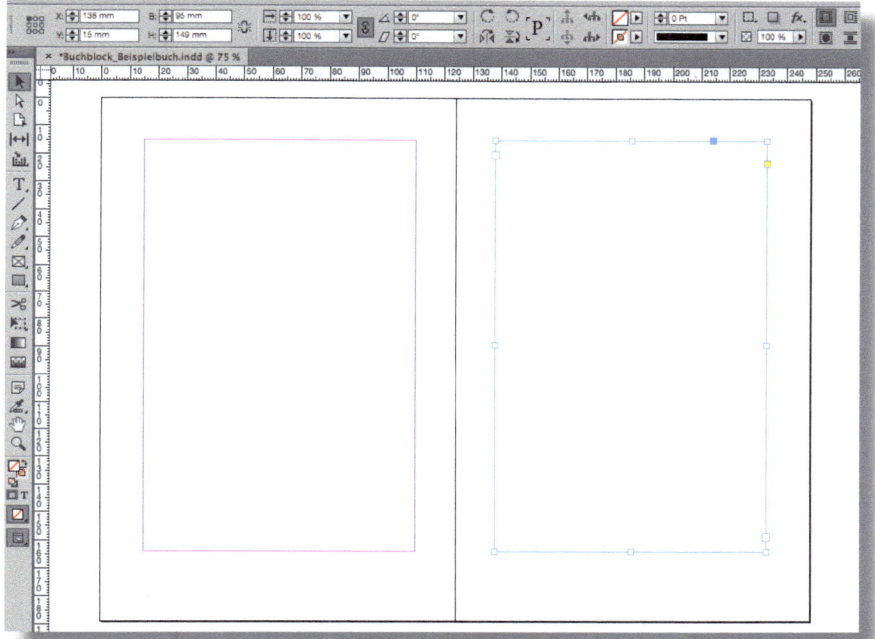

Aktivieren Sie den Textrahmen mit dem Auswahlwerkzeug. Nun können Sie in der Steuerungsleiste oben die entsprechenden Maße und auch die genauen Koordinaten der jeweiligen Eck- und Mittelpunkte des Textrahmens ablesen.

So hat der Eckpunkt oben links die Koordinaten x = 138 mm und y = 15 mm, die Breite B = 95 mm und Höhe H = 149 mm wird in den Feldern daneben angegeben. Der obere Mittelpunkt des Textrahmens hat die Koordinaten x = 185,5 mm und y = 15 mm.

Um diese Werte abzulesen, markieren Sie den entsprechenden Bezugspunkt oben links in dem Rahmensymbol.

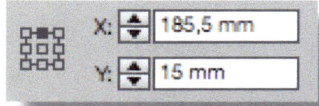

Geben Sie nun den gewünschten Text ein: Autorenname, Titel, Untertitel und Verlagsname. Markieren Sie den gesamten Text und wählen die Ausrichtung *Zentrieren*.

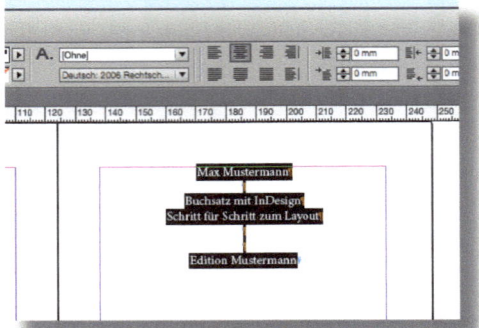

Klicken Sie in den Text hinein und öffnen Sie mit der rechten Maustaste das Kontextmenü. Wählen Sie hier *Textrahmenoptionen* aus. Es öffnet sich ein neues Fenster, in dem Sie unter *Vertikale Ausrichtung* das Auswahlmenü *Ausrichten* öffnen und hier *Zentrieren* wählen.

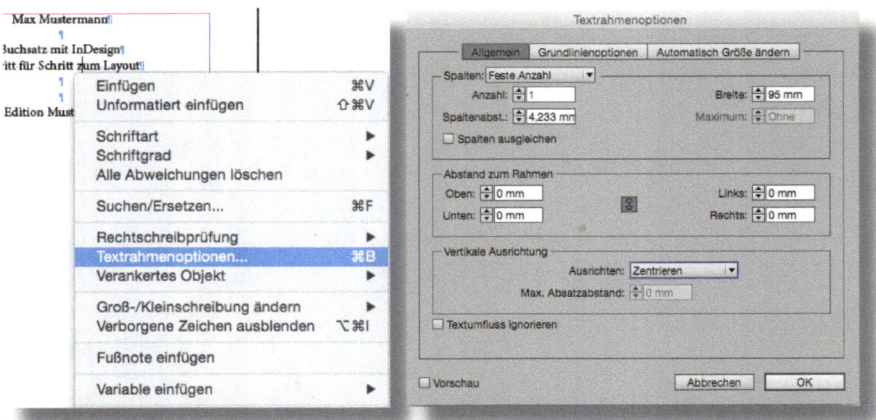

Ihre Titelseite ist nun bereits gestaltet. Verändern Sie nun die *Schriftstärke* und die *Schriftgrößen* und fügen Sie ggf. einige Leerzeilen ein.

Im Beispiel haben wir die gesamte Schrift in *Minion Pro Bold* gesetzt, für den Autorennamen und als Schriftgröße für den Untertitel 18 Pt, für den Titel 36 Pt und für den Verlagsnamen 14 Pt gewählt.

Tipp: Blenden Sie alle Steuerzeichen (in blau) über *Verborgene Zeichen* im Menü *Schrift* ein.

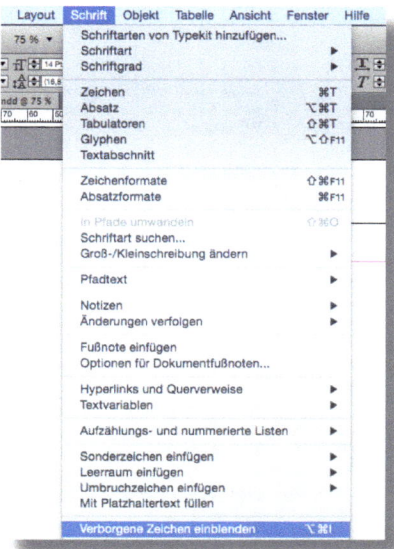

59

Das Seitenbedienfeld

Öffnen Sie das *Seitenbedienfeld* über das Menü *Fenster – Seiten*. Hier können Sie alle Seiten Ihres Buches verwalten: Seiten einfügen, verschieben, löschen oder eine Musterseite zuweisen.

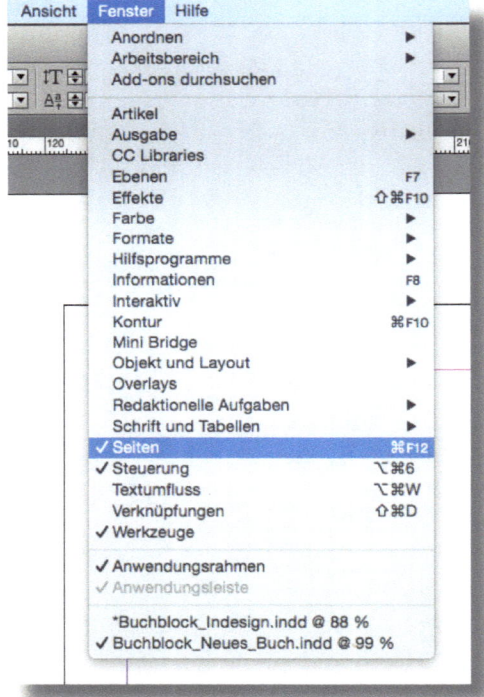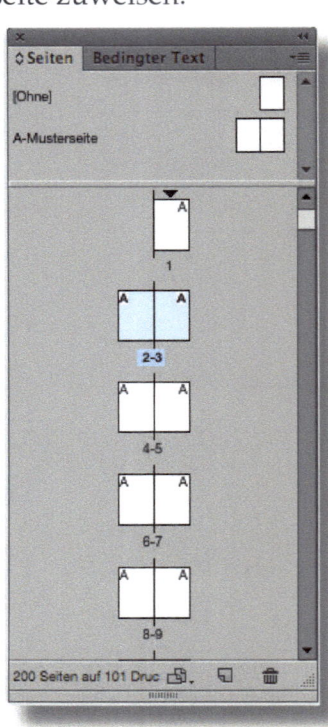

Im oberen Bereich des Seitenbedienfeldes finden Sie die *Musterseiten* (in älteren Versionen von *InDesign* hießen sie *Mustervorlagen*), im unteren Bereich alle Seiten Ihres Dokumentes. Auf den Musterseiten bringen Sie Elemente an, die auf jeder Seite vorkommen sollen, z. B. die Seitenzahlen oder einen anderen Satzspiegel.

Seiten einfügen und löschen

Markieren Sie die Seite, hinter der Sie eine weitere Seite einfügen möchten und klicken Sie unten im Seitenbedienfeld auf das mittlere Symbol *Neue Seite erstellen*. Und schon wird an der gewünschten Stelle eine weitere Seite eingefügt. Unten im Seitenbedienfeld sehen Sie, dass sich die Anzahl der Seiten erhöht hat.

Durch einen Klick auf das Papierkorb-Symbol können Sie Seiten löschen, die Sie vorher markiert haben.

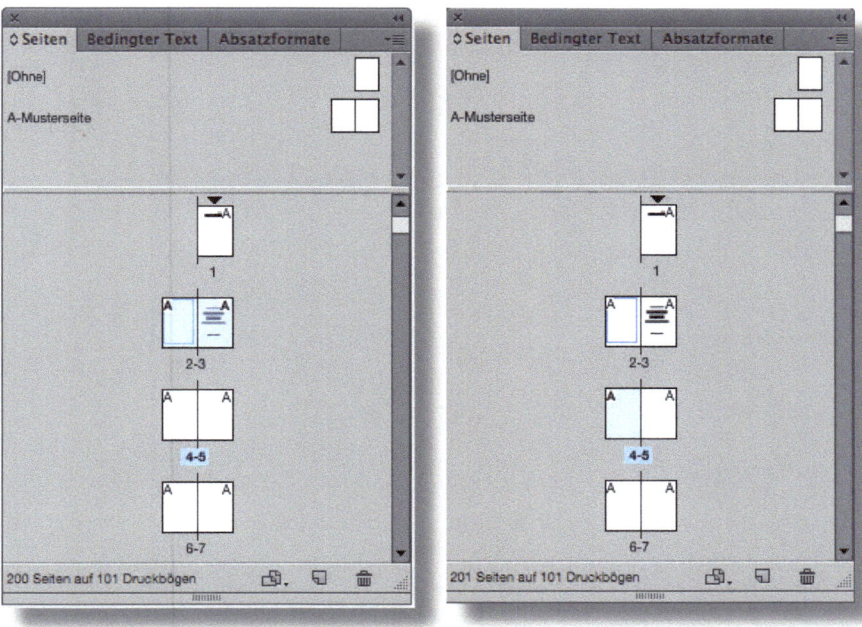

Im Seiten-Bedienfeld können Sie eine Seite in Ihrem Buch direkt ansteuern und durch Doppelklick öffnen.

Auch über das Menü *Layout – Seiten* können Sie eine oder mehr Seiten einfügen und Seiten löschen.

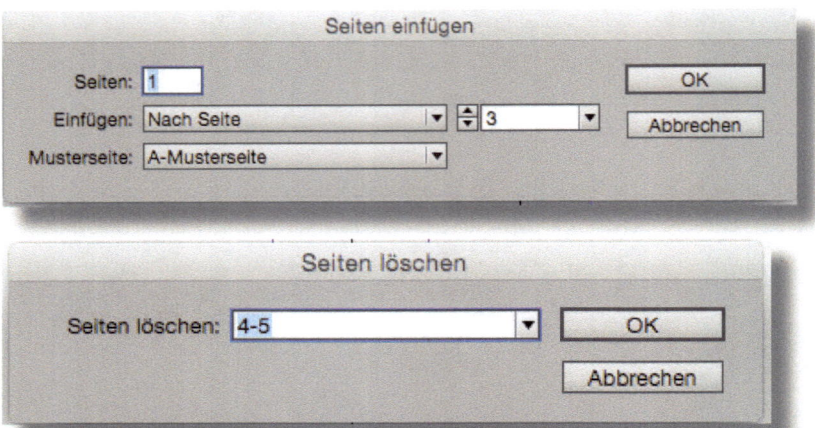

Außerdem können Sie über das Menü *Layout – Seiten* eine oder mehrere Seiten an eine andere Stelle im Dokument verschieben.

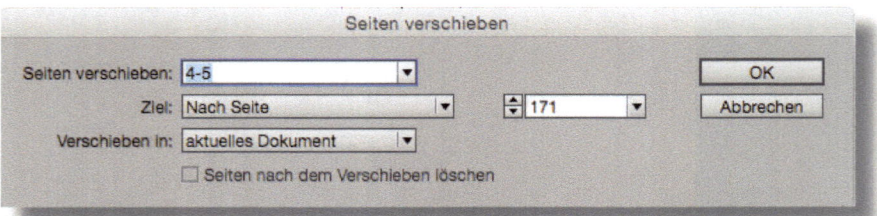

Über *Layout – Gehe zu Seite* gelangen Sie zu diesem Fenster, in dem Sie eine Seite direkt ansteuern können.

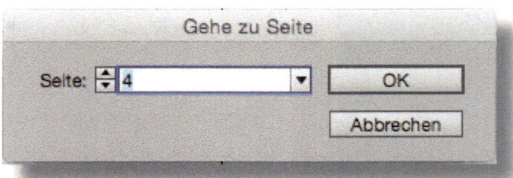

Seitennummerierung

Öffnen Sie das Fenster *Seiten* und klicken Sie die A-Musterseite an. Ziehen Sie einen Textrahmen auf und platzieren ihn unterhalb des Satzspiegels an der gewünschten Stelle.

Setzen Sie den Cursor in das Textfeld und wählen Sie im Menü *Schrift*: *Sonderzeichen einfügen – Marken – Aktuelle Seitenzahl.*

Ein „A" erscheint in dem Textfeld – es ist der Platzhalter für die aktuelle Seitenzahl.

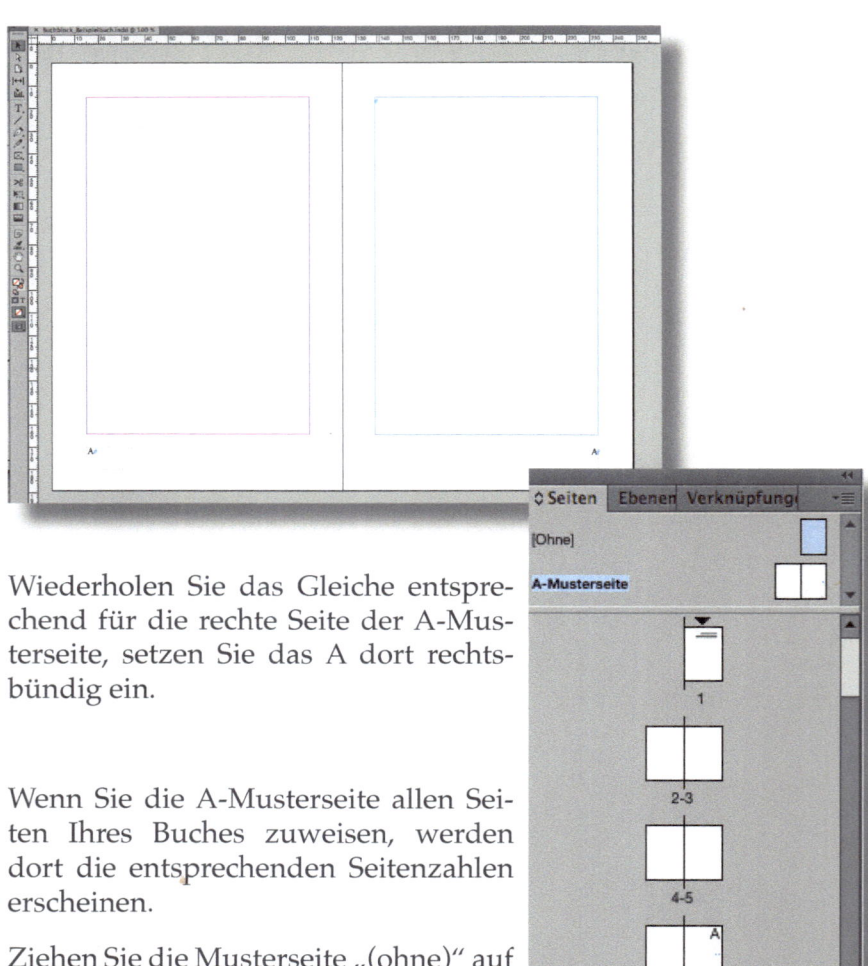

Wiederholen Sie das Gleiche entsprechend für die rechte Seite der A-Musterseite, setzen Sie das A dort rechtsbündig ein.

Wenn Sie die A-Musterseite allen Seiten Ihres Buches zuweisen, werden
dort die entsprechenden Seitenzahlen
erscheinen.

Ziehen Sie die Musterseite „(ohne)" auf
die Seiten der Titelei Ihres Buches und
die weiteren Seiten, die keine Nummerierung bekommen sollen.

Texte importieren II

Sie können Texte aus einer geöffneten *Word*-Datei, aus einer E-Mail oder einer anderen Anwendung einfach durch Kopieren in einen Textrahmen in Ihrer *InDesign*-Datei einfügen. Dabei ist es möglich, die Formatvorlagen aus der *Word*-Datei zu übernehmen, wie hier:

Der kleine Strand

„Ich möchte so gerne mit Senta zum Strand fahren. Aber sie fährt ja nicht Auto, sie hat immer auf ihr Herrchen aufgepasst und ist das Autofahren nicht gewohnt." Immer wieder ging mir dieser Gedanke durch den Kopf, immer wieder jammerte ich das anderen Menschen vor.

Oder Sie übernehmen den Text als reinen Text - ohne Formatierungen – und formatieren ihn dann erst in *InDesign*:

Der kleine Strand

„Ich möchte so gerne mit Senta zum Strand fahren. Aber sie fährt ja nicht Auto, sie hat immer auf ihr Herrchen aufgepasst und ist das Autofahren nicht gewohnt." Immer wieder ging mir dieser Gedanke durch den Kopf, immer wieder jammerte ich das anderen Menschen vor.

Das können Sie in *InDesign CC* im Menü *Voreinstellungen* unter *Zwischenablageoptionen* festlegen: Unter dem Punkt *Beim Einfügen von Text und Tabellen aus anderen Anwendungen* wählen Sie *Alle Informationen (Indexmarken, Farbfelder, Formate usw.)*, wenn Sie auch die Formatierung übernehmen möchten, oder *Nur Text*, wenn Sie den Text erst in Ihrer *InDesign*-Datei formatieren möchten. Die bessere Wahl ist die zweite Möglichkeit, bei der keine störenden Formatierungen in der *InDesign*-Datei auftreten.

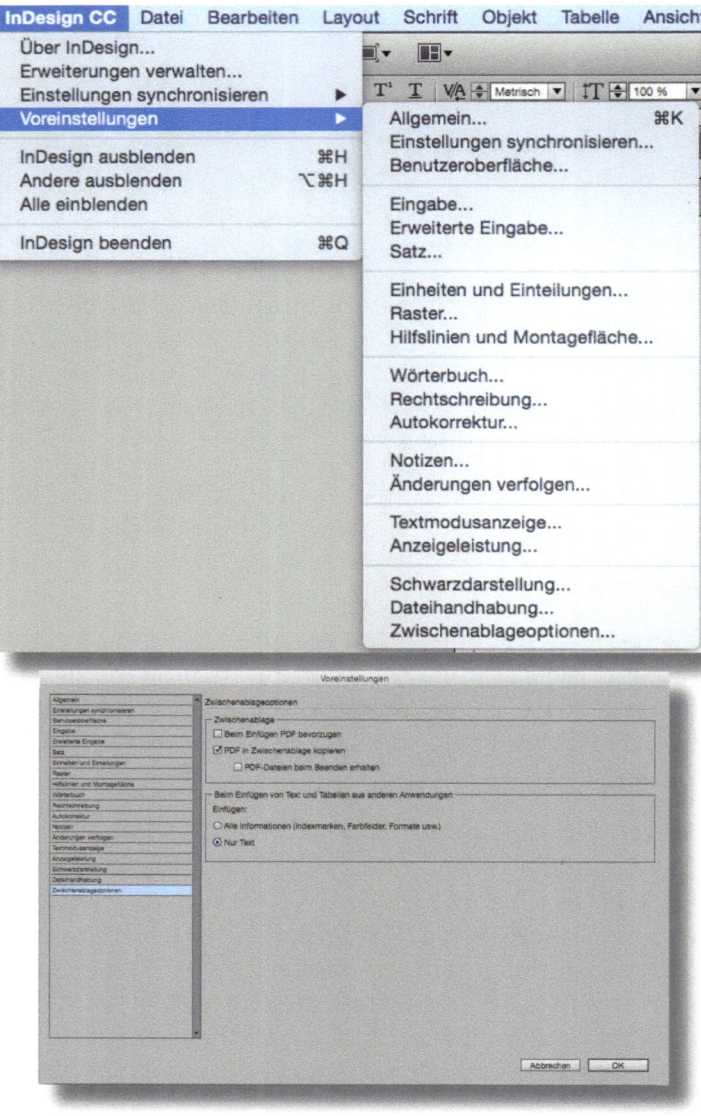

Texte importieren III

Ziehen Sie auf der ersten Seite, die Text enthalten soll, mit Hilfe des Textwerkzeugs einen Textrahmen auf – genau auf dem Begrenzungsrahmen des Satzspiegels.

Aktivieren Sie den Textrahmen mit dem Auswahlwerkzeug.

Klicken Sie *Platzieren* im Menü *Datei* an, es öffnet sich ein Fenster, in dem Sie Ihre Textdatei auswählen können.

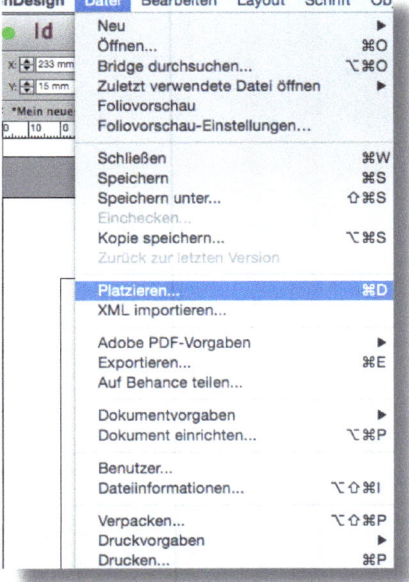

Markieren Sie die gewünschte Datei, setzen Sie ein Häkchen neben *Importoptionen anzeigen* und klicken dann auf *Öffnen*.

Im folgenden Fenster können Sie die *Importoptionen* festlegen:

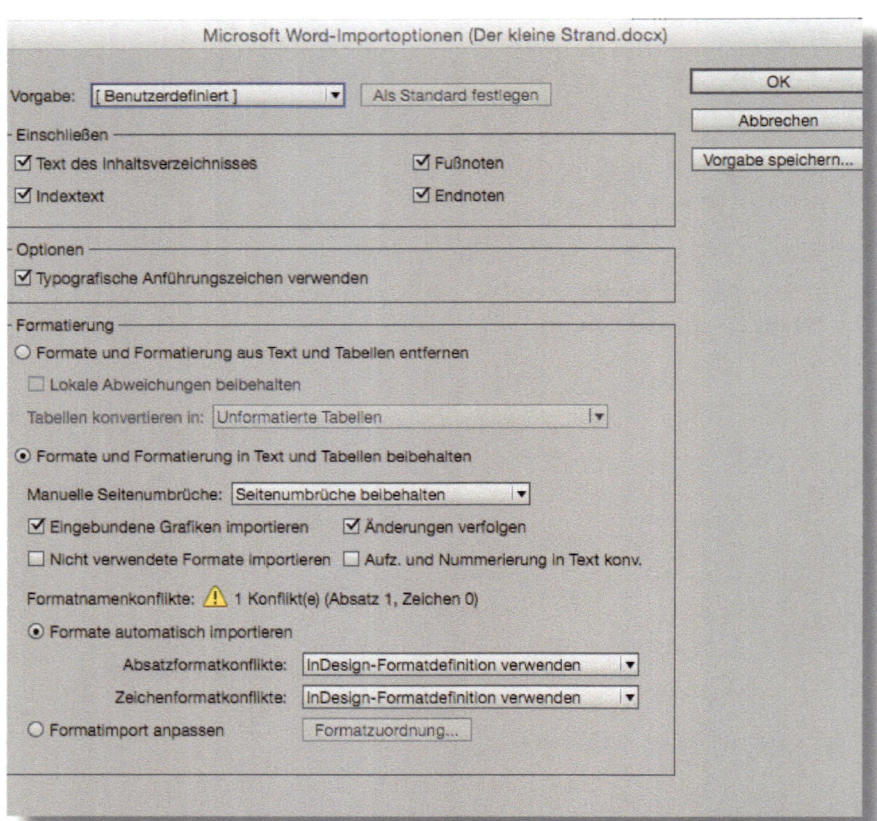

Wählen Sie *Formatimport anpassen* und klicken auf *Formatzuord-nung*, dann können Sie den Formaten Ihres *Word*-Dokuments die entsprechenden Formate in *InDesign* zuordnen. Es ist also nicht notwendig, bereits in der *Word*-Datei alle gewünschten Schriften und Absatzformate zu verwenden.

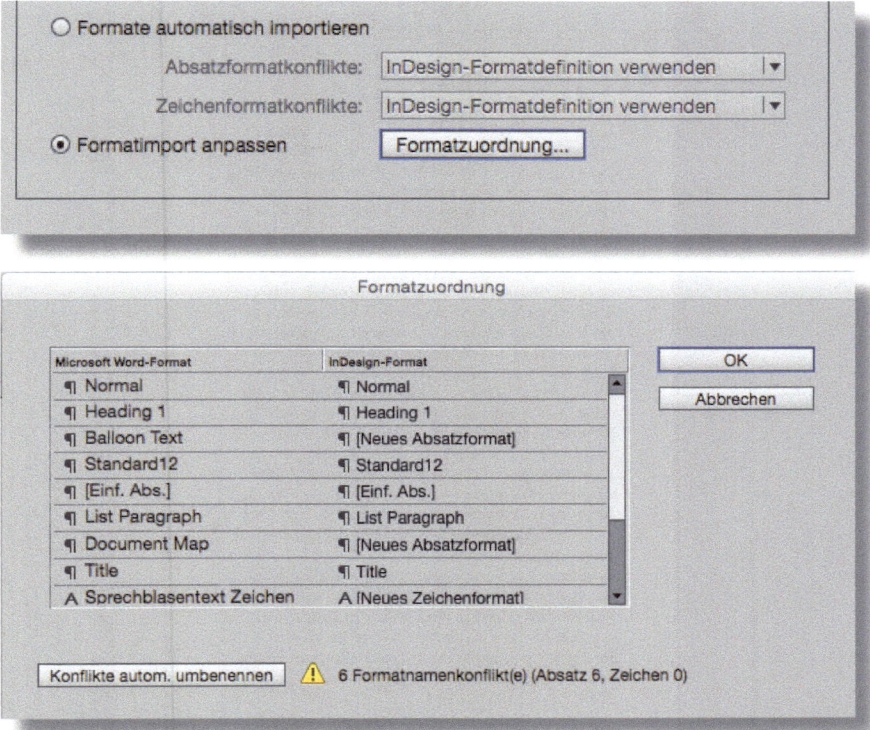

So waren meine <u>Strandbesuche</u> recht selten, mein Bedauern aber immer sehr groß. Schließlich wohnte ich
doch jetzt auf Fehmarn, um alle Tage mal zum Strand
zu gehen. Ich liebe es seit Jahrzehnten, am Wasser
entlang zu wandern. Bekannte beneideten mich um die
Strandspaziergänge mit Senta, aber da mochte ich nicht

7

69

Der kleine Strand

„Ich möchte so gerne mit Senta zum Strand fahren.
Aber sie fährt ja nicht Auto, sie hat immer auf ihr Herrchen aufgepasst und ist das Autofahren nicht gewohnt."
Immer wieder ging mir dieser Gedanke durch den
Kopf, immer wieder jammerte ich das anderen Menschen vor.
Also lief ich Tag für Tag mit Senta rund ums Dorf, bei
Wind und Wetter, über teilweise matschige Feldwege,
auf denen man bei Regenwetter manchmal einsackte.
Wehmütig dachte ich an die schönen kilometerlangen
Strände auf unserer Insel. Im ersten Jahr, als Senta bei
uns war, war ich mit ihr einmal zum Südstrand, nach
Gold, nach Westermarkelsdorf und Fehmarnsund gefahren. Einmal waren wir dann noch in Meeschendorf,
danach wollte Senta nicht mehr ins Auto einsteigen.
Als mein Mann noch lebte, war es vor allem Zeitmangel, wenn ich nicht zum Strand fuhr. Denn ich konnte
ihn nicht lange alleine lassen, und Senta wartete auch
auf ihren Spaziergang. Wenn ich weg war, sagte ich ihr
immer, sie solle auf ihr Herrchen aufpassen. Und mein
Mann war froh, dass der Hund da war, denn er hatte oft
Angst, alleine zu bleiben.
So waren meine Strandbesuche recht selten, mein Bedauern aber immer sehr groß. Schließlich wohnte ich
doch jetzt auf Fehmarn, um alle Tage mal zum Strand
zu gehen. Ich liebe es seit Jahrzehnten, am Wasser
entlang zu wandern. Bekannte beneideten mich um die
Strandspaziergänge mit Senta, aber da mochte ich nicht

7

Nach dem Klick auf „OK" fließt Ihr Text in den Textrahmen im *InDesign*-Dokument ein. Am unteren rechten Rand des Textrahmens sehen Sie ein kleines rotes Quadrat.

Klicken Sie mit dem Auswahlwerkzeug darauf und erzeugen Sie die nächste Textseite. Setzen Sie den Cursor, der mit dem restlichen Text geladen ist, in die obere linke Ecke des Textrahmens und

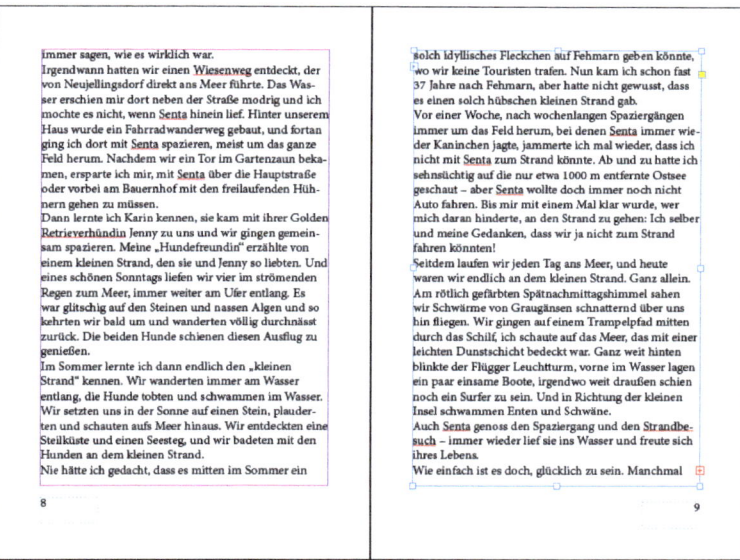

immer sagen, wie es wirklich war.

Irgendwann hatten wir einen Wiesenweg entdeckt, der von Neujellingsdorf direkt ans Meer führte. Das Wasser erschien mir dort neben der Straße modrig und ich mochte es nicht, wenn Senta hinein lief. Hinter unserem Haus wurde ein Fahrradwanderweg gebaut, und fortan ging ich dort mit Senta spazieren, meist um das ganze Feld herum. Nachdem wir ein Tor im Gartenzaun bekamen, ersparte ich mir, mit Senta über die Hauptstraße oder vorbei am Bauernhof mit den freilaufenden Hühnern gehen zu müssen.

Dann lernte ich Karin kennen, sie kam mit ihrer Golden Retrieverhündin Jenny zu uns und wir gingen gemeinsam spazieren. Meine „Hundefreundin" erzählte von einem kleinen Strand, den sie und Jenny so liebten. Und eines schönen Sonntags liefen wir vier im strömenden Regen zum Meer, immer weiter am Ufer entlang. Es war glitschig auf den Steinen und nassen Algen und so kehrten wir bald um und wanderten völlig durchnässt zurück. Die beiden Hunde schienen diesen Ausflug zu genießen.

Im Sommer lernte ich dann endlich den „kleinen Strand" kennen. Wir wanderten immer am Wasser entlang, die Hunde tobten und schwammen im Wasser. Wir setzten uns in der Sonne auf einen Stein, plauderten und schauten aufs Meer hinaus. Wir entdeckten eine Steilküste und einen Seesteg, und wir badeten mit den Hunden an dem kleinen Strand.

Nie hätte ich gedacht, dass es mitten im Sommer ein

8

solch idyllisches Fleckchen auf Fehmarn geben könnte, wo wir keine Touristen trafen. Nun kam ich schon fast 37 Jahre nach Fehmarn, aber hatte nicht gewusst, dass es einen solch hübschen kleinen Strand gab.

Vor einer Woche, nach wochenlangen Spaziergängen immer um das Feld herum, bei denen Senta immer wieder Kaninchen jagte, jammerte ich mal wieder, dass ich nicht mit Senta zum Strand könnte. Ab und zu hatte ich sehnsüchtig auf die nur etwa 1000 m entfernte Ostsee geschaut – aber Senta wollte doch immer noch nicht Auto fahren. Bis mir mit einem Mal klar wurde, wer mich daran hinderte, an den Strand zu gehen: Ich selber und meine Gedanken, dass wir ja nicht zum Strand fahren könnten!

Seitdem laufen wir jeden Tag ans Meer, und heute waren wir endlich an dem kleinen Strand. Ganz allein. Am rötlich gefärbten Spätnachmittagshimmel sahen wir Schwärme von Graugänsen schnatternd über uns hin fliegen. Wir gingen auf einem Trampelpfad mitten durch das Schilf, ich schaute auf das Meer, das mit einer leichten Dunstschicht bedeckt war. Ganz weit hinten blinkte der Flügger Leuchtturm, vorne im Wasser lagen ein paar einsame Boote, irgendwo weit draußen schien noch ein Surfer zu sein. Und in Richtung der kleinen Insel schwammen Enten und Schwäne.

Auch Senta genoss den Spaziergang und den Strandbesuch – immer wieder lief sie ins Wasser und freute sich ihres Lebens.

Wie einfach ist es doch, glücklich zu sein. Manchmal

9

lassen Sie den Text in diese Seite einfließen. Setzen Sie das fort, bis der gesamte Text sichtbar ist.

Sie können den gesamten Text **auf einmal** einfließen lassen, wenn Sie beim Platzieren des Textes die Shift-Taste drücken. So erzeugen Sie einen automatischen Textfluss, was insbesondere bei längeren *Word*-Dokumenten sehr angenehm ist.

Textrahmenoptionen

Ist nun der gesamte Text im *InDesign*-Dokument, können Sie nacharbeiten, den „Feinschliff" durchführen. So können Sie z. B. die vertikale Ausrichtung des Textes auf jeder Seite bearbeiten.

Aktivieren Sie dazu den jeweiligen Textrahmen, klicken auf die rechte Maustaste und wählen *Textrahmenoptionen* (vgl. S. 39ff.). Falls Sie *Vertikaler Keil* wählen, wird Ihr Text gleichmäßig von oben bis unten auf der Seite verteilt. So sind nicht nur die oberen, sondern auch die unteren Ränder der Seiten auf der gleichen Höhe.

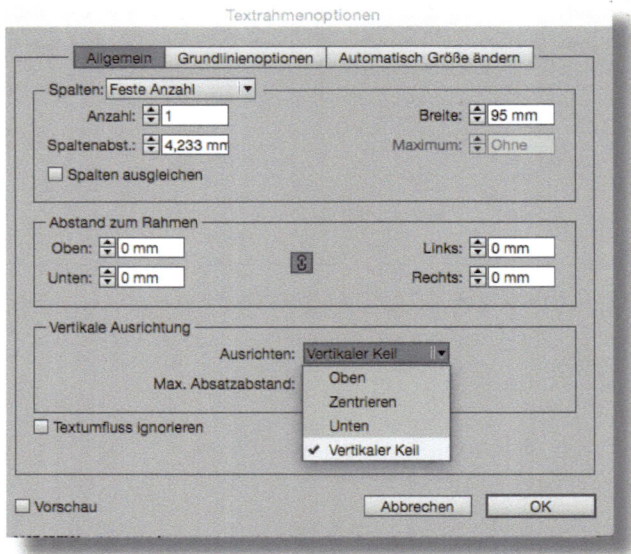

Falls Sie *Oben* bzw. *Unten* wählen, wird Ihr Text an der oberen bzw. unteren Textrahmenbegrenzung ausgerichtet, falls Sie *Zentriert* wählen, erscheint Ihr Text genau in der Mitte zwischen der oberen und der unteren Textrahmenbegrenzung.

Absatzformate

Für den Satz Ihres Buches sollten Sie einige wenige *Absatzformate* festlegen, um nicht jede Textpassage einzeln formatieren zu müssen. Auf diese Weise wird ein einheitliches Bild erzeugt.

Wählen Sie *Formate* im Menü *Fenster* und klicken Sie *Absatzformate* an. Alle verfügbaren Absatzformate werden angezeigt und können beliebig bearbeitet werden: Doppelklick auf das jeweilige Format öffnet das Fenster mit den Formatoptionen. Hier können Sie Ihre Formate so einrichten, wie gewünscht, und Sie können auch neue Formate anlegen.

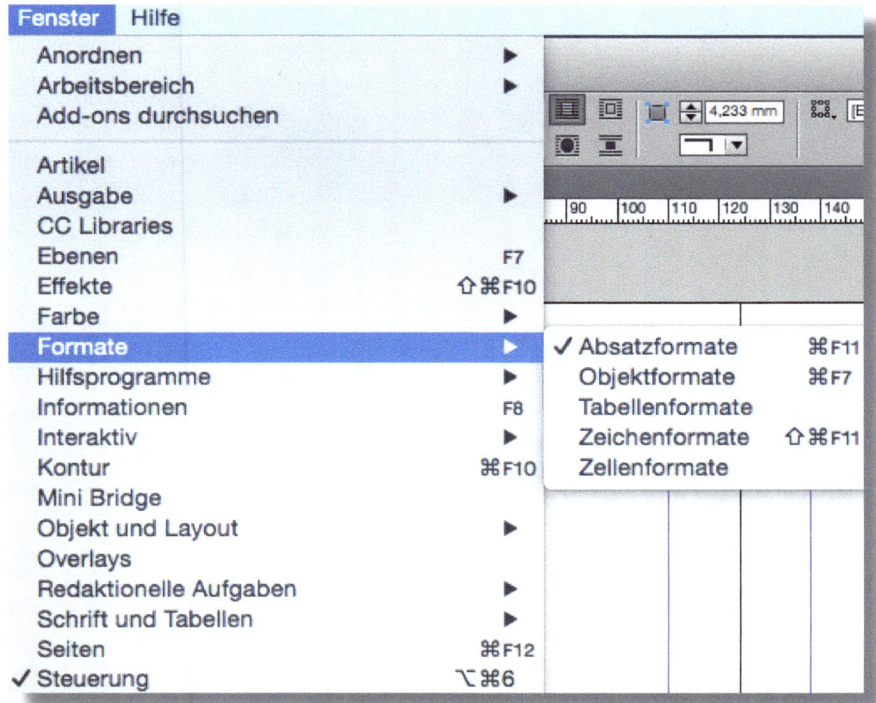

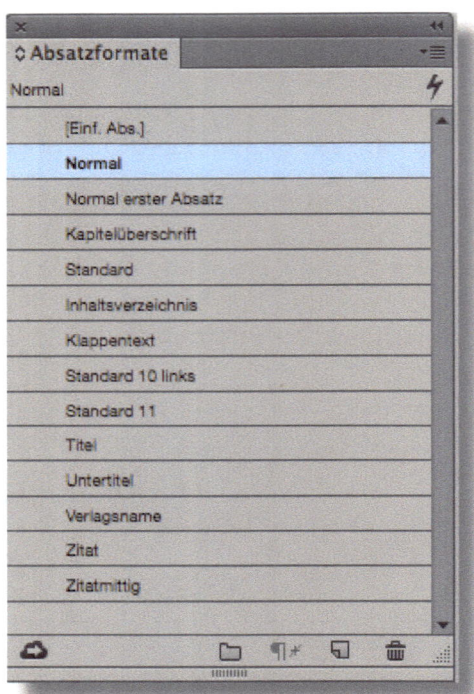

An einigen Beispielen möchte ich Ihnen **grundlegende Absatz-formate** erläutern. Diese Seite aus einem Roman wurde mit dem Absatzformat *Normal* formatiert: wie Sie sehen, beginnt jeder Absatz – mit Ausnahme des ersten Absatzes – mit einer kleinen Einrückung.

Hierfür werden die Absatzformate *Normal* und *Normal erster Absatz* definiert: Schrift *Palatino*, Schriftgrad 10 Pt., Zeilenabstand 13 Pt., Horizontale Ausrichtung: *Blocksatz, letzte linksbündig*, Einzug erste Zeile: 3 mm. Bei *Normal erster Absatz* entfällt der Einzug.

74

Und sie war glücklich - vor allem, seitdem es amtlich war: Das Ferienhaus, das sie schon seit Jahren so liebte und in dem sie so viele glückliche Stunden mit ihrem Mann Carl verbracht hatte, gehörte jetzt ihr! Und das hatte sie vor allem Eddie und Karin zu verdanken. ¶

Denn Eddie hatte gehört, dass sich der Besitzer mit dem Gedanken trug, das Haus zu verkaufen. Nachdem er dies Karin erzählt hatte, hatte sie sofort Louise in Lübeck angerufen, um ihr dies mitzuteilen. Louise musste diese Nachricht erst einmal verkraften und darüber nachdenken. ¶

Schon am nächsten Tag, nachdem sie den Eigentümer kontaktiert und den Kaufpreis erfahren hatte, war klar: Sie würde ihre Wohnung in Lübeck aufgeben und ganz nach Heiligenhafen ziehen. Damit würde ein neues Leben für sie beginnen.

Mark und Sina freuten sich über diese Entscheidung und bewunderten ihren Mut, noch einmal ganz neu anzufangen. ¶

Heute an Louises Geburtstag wollten sie dies feiern. Sina und Mark, die seit kurzem zusammen in Kiel wohnten, waren ebenfalls schon da. Natürlich war auch der kleine Ben, den Louise wie einen Enkel liebte, mit von der Partie. Er lag vergnügt vor sich hin quietschend in seinem Kinderwagen und freute sich auf sein Fläschchen, das Sina gerade in der Küche für ihn zubereitete. Mark kam ebenfalls aus der Küche. Er hatte eine Schürze um, worüber sich Eddie sichtlich amüsierte. ¶

„Ha, ha, sehr witzig. Das nächste Mal könnt ihr ja das Kochen übernehmen", drohte er spielerisch mit dem Kochlöffel in Richtung Karin und Eddie, während Sina ihre Freunde umarmte, bevor sie Ben versorgte. ¶

„Ich wollte das ja übernehmen. Aber Mark wollte unbedingt an meinem Geburtstag für uns kochen", meinte Louise fast entschuldigend. ¶

75

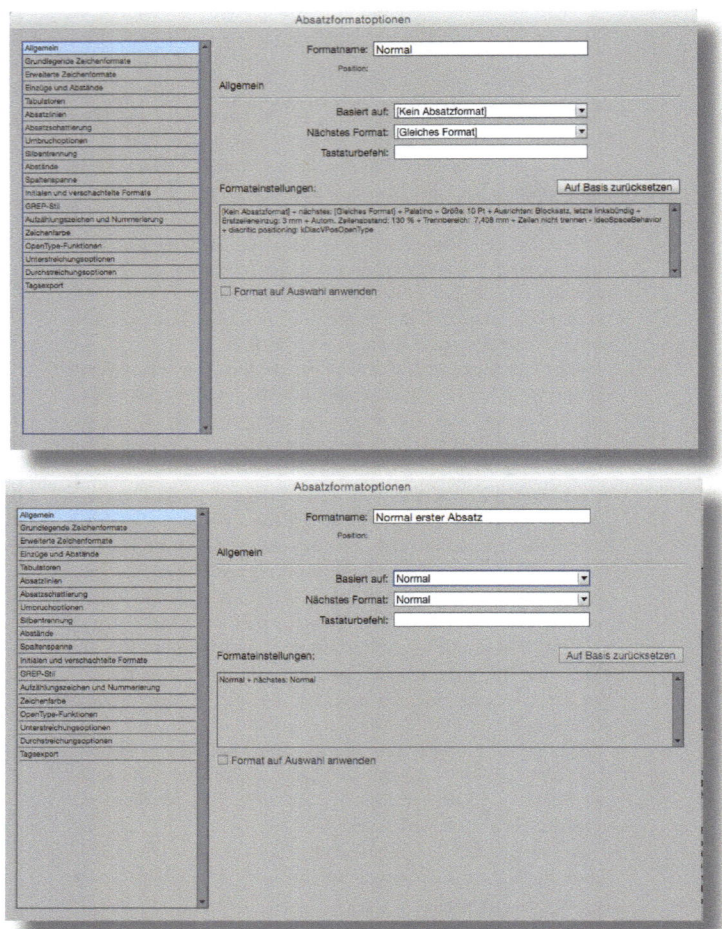

Legen Sie hier den Namen für Ihr Format fest. Unter *Basiert auf* können Sie festlegen, auf welchem anderen Format Ihr Format basiert. Außerdem finden Sie eine Zusammenfassung aller Formateinstellungen.

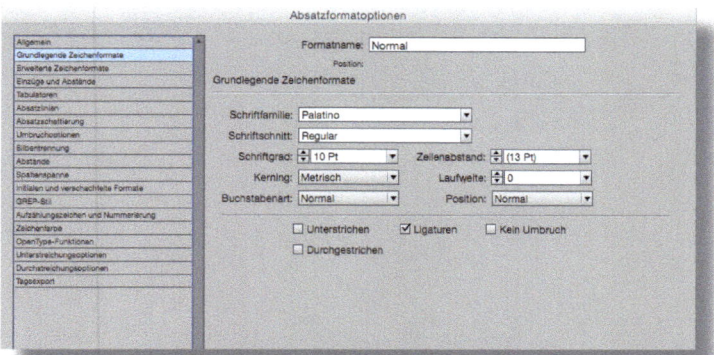

Legen Sie hier die grundlegenden Zeichenformate fest: Schriftfamilie, Schriftschnitt, Schriftgrad und Zeilenabstand.

Außerdem können Sie die *Laufweite der Schrift* festlegen:

Laufweite 40:

Außerdem können Sie die *Laufweite der Schrift* festlegen.

Laufweite -10:

Außerdem können Sie die *Laufweite der Schrift* festlegen:

Auch die Buchstabenart können Sie wählen:

Normal

KAPITÄLCHEN

GROSSBUCHSTABEN

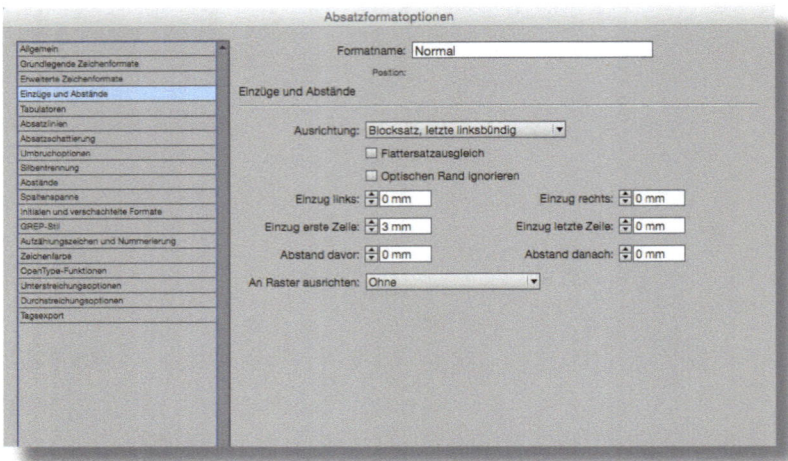

In diesem Abschnitt werden *Einzüge und Abstände* festgelegt.

Für die Ausrichtung haben Sie wieder eine Reihe von Auswahl-möglichkeiten (vgl. auch S. 39f.).

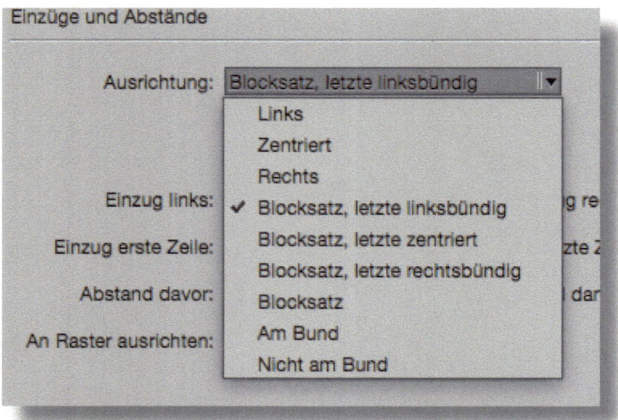

Nun noch ein grundlegendes **Beispiel für die Formatierung des laufenden Textes**: Diese Seite aus einem Roman wurde mit dem Absatzformat *Standard* formatiert: Wie Sie sehen, beginnen die einzelnen Absätze jeweils vorne, und es gibt kleine Abstände zwischen den Absätzen.

Das Format *Standard* basiert auf dem Format *Normal erster Absatz,* hat jedoch den Schriftgrad 11 Pt und den Zeilenabstand 14,3 Pt. Der Abstand danach beträgt 2 mm.

Und sie war glücklich - vor allem, seitdem es amtlich war: Das Ferienhaus, das sie schon seit Jahren so liebte und in dem sie so viele glückliche Stunden mit ihrem Mann Carl verbracht hatte, gehörte jetzt ihr! Und das hatte sie vor allem Eddie und Karin zu verdanken. ¶

Denn Eddie hatte gehört, dass sich der Besitzer mit dem Gedanken trug, das Haus zu verkaufen. Nachdem er dies Karin erzählt hatte, hatte sie sofort Louise in Lübeck angerufen, um ihr dies mitzuteilen. Louise musste diese Nachricht erst einmal verkraften und darüber nachdenken. ¶

Schon am nächsten Tag, nachdem sie den Eigentümer kontaktiert und den Kaufpreis erfahren hatte, war klar: Sie würde ihre Wohnung in Lübeck aufgeben und ganz nach Heiligenhafen ziehen. Damit würde ein neues Leben für sie beginnen. ¶

Mark und Sina freuten sich über diese Entscheidung und bewunderten ihren Mut, noch einmal ganz neu anzufangen. ¶

Heute an Louises Geburtstag wollten sie dies feiern. Sina und Mark, die seit kurzem zusammen in Kiel wohnten, waren ebenfalls schon da. Natürlich war auch der kleine Ben, den Louise wie einen Enkel liebte, mit von der Partie. Er lag vergnügt vor sich hin quietschend in seinem Kinderwagen und freute sich auf sein Fläschchen, das Sina gerade in der Küche für ihn zubereitete. Mark kam ebenfalls aus der Küche. Er hatte eine Schürze um, worüber sich Eddie sichtlich amüsierte. ¶

Nun folgt noch ein **grundlegendes Beispiel für die Formatierung von Überschriften:**

Gerne lasse ich ein neues Kapitel auf einer rechten, also ungeraden Seite beginnen. Es macht sich gut, eine andere Schriftart für die Überschriften zu verwenden. In diesem Beispiel haben wir für den laufenden Text die Serifenschrift *Minion Pro* verwendet, und für die Kapitelüberschriften die serifenlose Schrift *Myriad Pro.*

Die Schrift für die Überschrift sollte 2-3 Pt größer sein als die für den laufenden Text. Wir haben *Myriad Pro* im Schriftgrad 13 Pt. verwendet, und *Minion Pro* im Schriftgrad 10,2 Pt.

Der Abstand nach der Überschrift beträgt 2,822 mm.

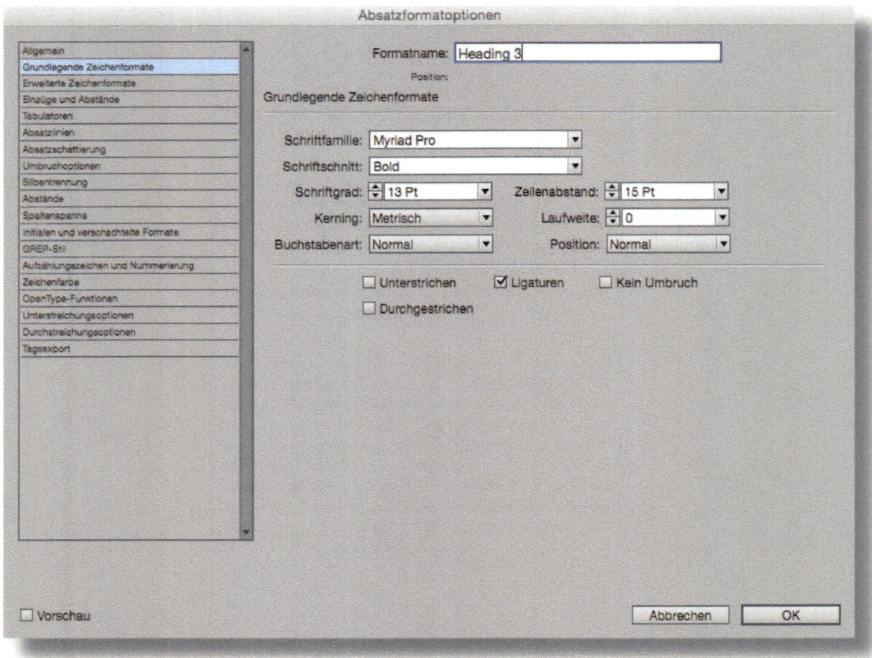

7. Regeln für gelungene Verhandlungen

In beruflichen Gesprächen und Verhandlungen treffen nicht selten ganz unterschiedliche Interessenlagen aufeinander. Weil hierbei dennoch eine Einigung erzielt werden muss, entstehen schnell sehr komplexe Gesprächssituationen. Um das Gegenüber hier für die „eigene Sache" gewinnen und von der eigenen Position überzeugen zu können, sind daher hervorragende kommunikative Fähigkeiten unbedingt erforderlich.

Bereiten Sie sich gut vor

Der erste Schritt zu einer gelungenen Verhandlung ist die richtige Vorbereitung. Machen Sie sich Gedanken zum möglichen Ablauf des Gesprächs. Welche Interessen, Standpunkte und Positionen kann Ihr Gegenüber haben? Wie stehen die Interessenlagen verschiedener Personen zueinander und welche Auswirkung wird dies voraussichtlich für Ihr Projekt haben?

Es ist darüber hinaus unerlässlich, wichtige Rahmenbedingungen der Verhandlung bereits im Vorfeld zu klären. Dabei stellt sich zuerst die grundsätzliche Frage: Sollen Verhandlungen überhaupt aufgenommen werden? Die Frage ist keineswegs profan, denn aus einer Verhandlung können sich unter Umständen schwerwiegende Konsequenzen

Im Abschnitt *Umbruchoptionen* wurde festgelegt, dass der nächste Absatz auf der nächsten, ungeraden Seite beginnt.

Außerdem wird festgelegt, dass am Anfang und am Ende eines Absatzes jeweils mindestens zwei Zeilen auf einer Seite stehen sollen. Man spricht hier von einem *Schusterjungen* oder *Hurenkind* – je nachdem, ob es sich um die erste oder die letzte Zeile des Absatzes handelt.

Nun folgt noch die **Formatierung des Zwischentitels**, der auch mitten auf einer Seite erscheinen kann. Wir wählen dieselbe Schriftart wie für die Kapitelüberschrift: *Myriad Pro Bold,* aber in einem geringeren Schriftgrad 10 Pt – also in der Größe der Schrift *Normal.* Die Zwischenüberschrift fällt auf wegen der anderen Schriftfamilie und wegen der Abstände: *Abstand davor 2,8 mm* und *Abstand danach 1,2 mm.*

Absatzformatoptionen

Formatname: Zwischentitel

Position:

Grundlegende Zeichenformate

Schriftfamilie:	Myriad Pro
Schriftschnitt:	Bold
Schriftgrad:	10 Pt
Zeilenabstand:	(11 Pt)
Kerning:	Metrisch
Laufweite:	0
Buchstabenart:	Normal
Position:	Normal

☐ Unterstrichen ☑ Ligaturen ☐ Kein Umbruch
☐ Durchgestrichen

Allgemein
Grundlegende Zeichenformate
Erweiterte Zeichenformate
Einzüge und Abstände
Tabulatoren
Absatzlinien
Absatzschattierung
Umbruchoptionen
Silbentrennung
Abstände
Spaltenspanne
Initialen und verschachtelte Formate
GREP-Stil
Aufzählungszeichen und Nummerierung
Zeichenfarbe
OpenType-Funktionen
Unterstreichungsoptionen
Durchstreichungsoptionen
Tagexport

Absatzformatoptionen

Formatname: Zwischentitel

Position:

Einzüge und Abstände

Ausrichtung: Links

☐ Flattersatzausgleich
☐ Optischen Rand ignorieren

Einzug links:	0 mm	Einzug rechts:	0 mm
Einzug erste Zeile:	0 mm	Einzug letzte Zeile:	0 mm
Abstand davor:	2,8 mm	Abstand danach:	1,2 mm

An Raster ausrichten: Ohne

Allgemein
Grundlegende Zeichenformate
Erweiterte Zeichenformate
Einzüge und Abstände
Tabulatoren
Absatzlinien
Absatzschattierung
Umbruchoptionen
Silbentrennung
Abstände
Spaltenspanne
Initialen und verschachtelte Formate
GREP-Stil
Aufzählungszeichen und Nummerierung
Zeichenfarbe
OpenType-Funktionen
Unterstreichungsoptionen
Durchstreichungsoptionen
Tagexport

Bei den *Umbruchoptionen* gilt für die Zwischenüberschrift: Absatzbeginn in einer beliebigen Position, und die Absätze nicht trennen.

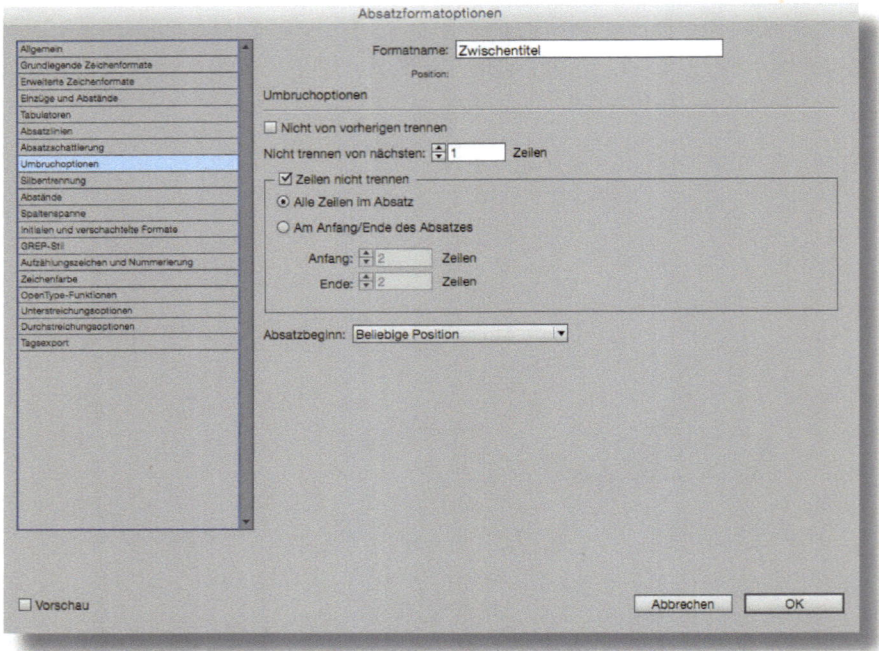

Absatzformate ändern

Angenommen, Sie haben in einem Absatzformat Änderungen vorgenommen, z. B. Worte **fett** oder *kursiv* gesetzt.

Wenn Sie diesen Satz markieren, erscheint das Absatzformat *Normal* in der Tabelle mit einem Plus dahinter.

84

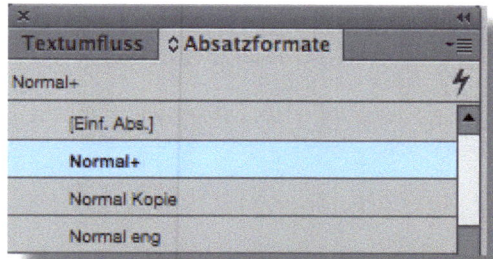

Wollen Sie nun das Absatzformat ohne Änderungen anwenden, so klicken Sie auf die rechte Maustaste und wählen Sie in dem sich öffnenden Auswahlmenü *„Normal" anwenden, Abweichungen löschen*.

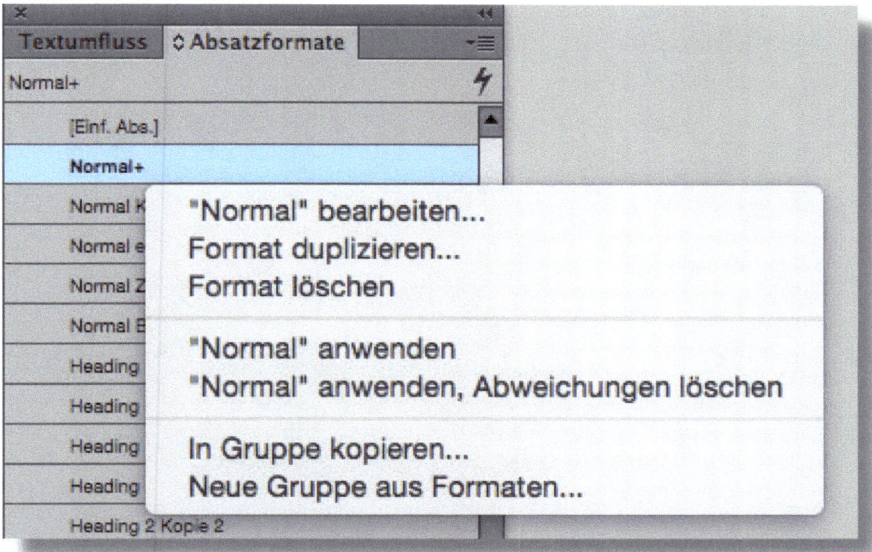

Das empfiehlt sich ganz besonders, wenn nach Import Ihrer *Word*-Datei nicht alle Formate richtig importiert wurden.

Absatzformate aus InDesign-Dokumenten importieren

Falls Sie ein „fortgeschrittener" Self-Publisher sind und bereits mehrere Bücher veröffentlicht haben, ist die folgende Funktion von *InDesign* sehr hilfreich:

Klicken Sie oben rechts in der Ecke auf das Symbol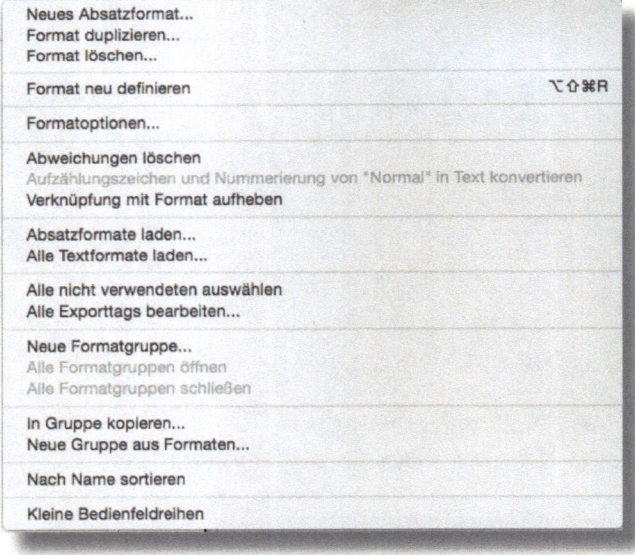

Es öffnet sich ein Fenster, indem Sie *Absatzformate laden* anklicken können: In dem sich öffnenden Fenster können Sie frühere Buchprojekte und die zugehörige *InDesign*-Datei auswählen.

Neues Absatzformat...
Format duplizieren...
Format löschen...

Format neu definieren   ⌥⇧⌘R

Formatoptionen...

Abweichungen löschen
Aufzählungszeichen und Nummerierung von "Normal" in Text konvertieren
Verknüpfung mit Format aufheben

Absatzformate laden...
Alle Textformate laden...

Alle nicht verwendeten auswählen
Alle Exporttags bearbeiten...

Neue Formatgruppe...
Alle Formatgruppen öffnen
Alle Formatgruppen schließen

In Gruppe kopieren...
Neue Gruppe aus Formaten...

Nach Name sortieren

Kleine Bedienfeldreihen

Nach einem Klick auf *Öffnen* öffnet sich ein Fenster, in dem Sie alle gewünschten Formate, oder auch nur eine Auswahl, wählen und in Ihr aktuelles Buchprojekt importieren können. So haben Ihre Bücher dann ein einheitliches Satzbild.

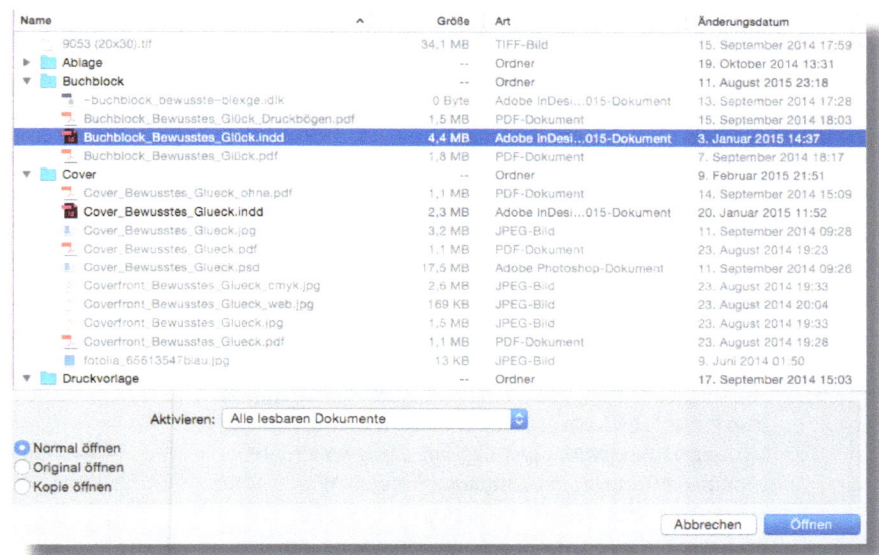

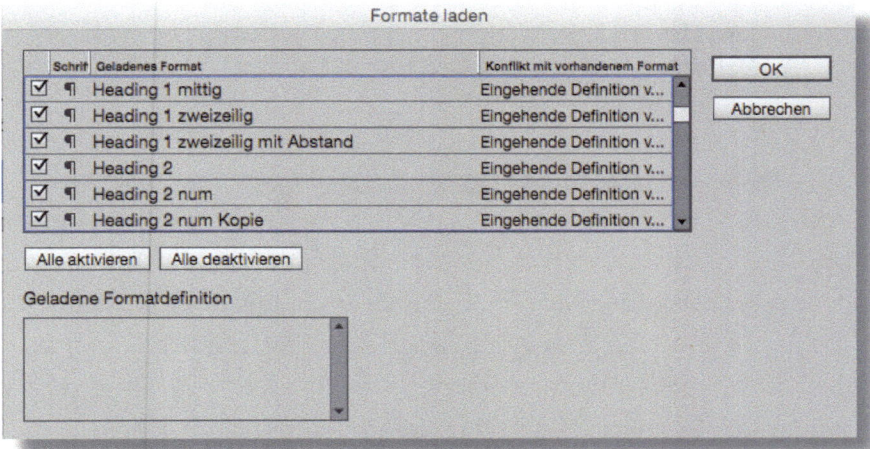

Bilder einfügen

 Mit dem *Rechteckrahmen* ziehen Sie ein Fenster in der gewünschten Größe an der gewünschten Stelle im Text auf.

> mich daran hinderte, an den Strand zu gehen: Ich selber und meine Gedanken, dass wir ja nicht zum Strand fahren könnten!
> Seitdem laufen wir jeden Tag ans Meer, und heute waren wir endlich an dem kleinen Strand. Ganz allein. Am rötlich gefärbten Spätnachmittagshimmel sahen wir Schwärme von Graugänsen schnatternd über uns hin fliegen. Wir gingen auf einem Trampelpfad mitten durch das Schilf, ich schaute auf das Meer, das mit einer leichten Dunstschicht bedeckt war. Ganz weit hinten blinkte der Flügger Leuchtturm, vorne im Wasser lagen ein paar einsame Boote, irgendwo weit draußen schien noch ein Surfer zu sein. Und in Richtung der kleinen Insel schwammen Enten und Schwäne.
> Auch Senta genoss den Spaziergang und den Strandbesuch – immer wieder lief sie ins Wasser und freute sich ihres Lebens.
> Wie einfach ist es doch, glücklich zu sein. Manchmal

9

Aktivieren Sie den Bildrahmen. Öffnen Sie das Fenster *Textumfluss* und legen Sie fest, in welcher Weise der Text um Ihr Bild herum gruppiert werden soll. Die Symbole bedeuten – von links nach rechts: *ohne Textumfluss – Umfließen der Bounding Box – Umfließen der Objektform – Objekt überspringen – in nächste Spalte springen.* Außerdem können Sie die Abstände zum Text festlegen.

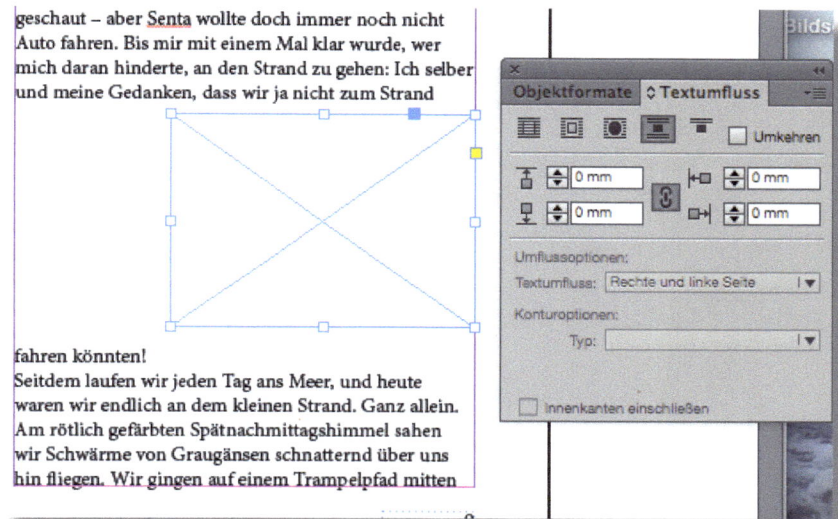

Nun wählen Sie über *Datei – Platzieren* das gewünschte Bild aus, das vorher **nicht** auf die Größe des Bildrahmens zugeschnitten werden muss.

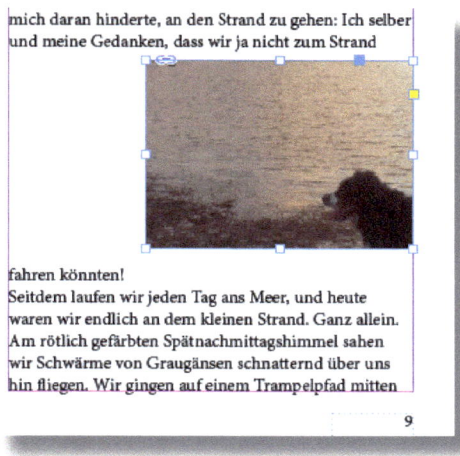

Oben rechts in der Steuerungsleiste finden Sie verschiedene Optionen, um das Bild in den Rahmen einzupassen:

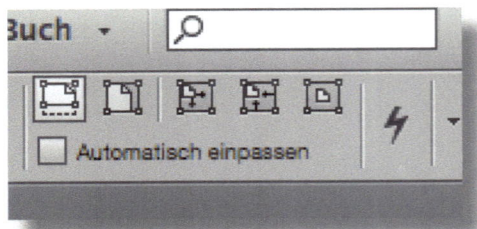

Rahmen proportional füllen,

Inhalt proportional anpassen,

Inhalt an Rahmen anpassen,

Rahmen an Inhalt anpassen,

Inhalt zentrieren.

Hier wurde der Inhalt proportional angepasst. Sie können jetzt noch *Rahmen an Inhalt anpassen* anklicken, oder den Rahmen vergrößern, so dass das Bild die gewünschte Breite hat.

90

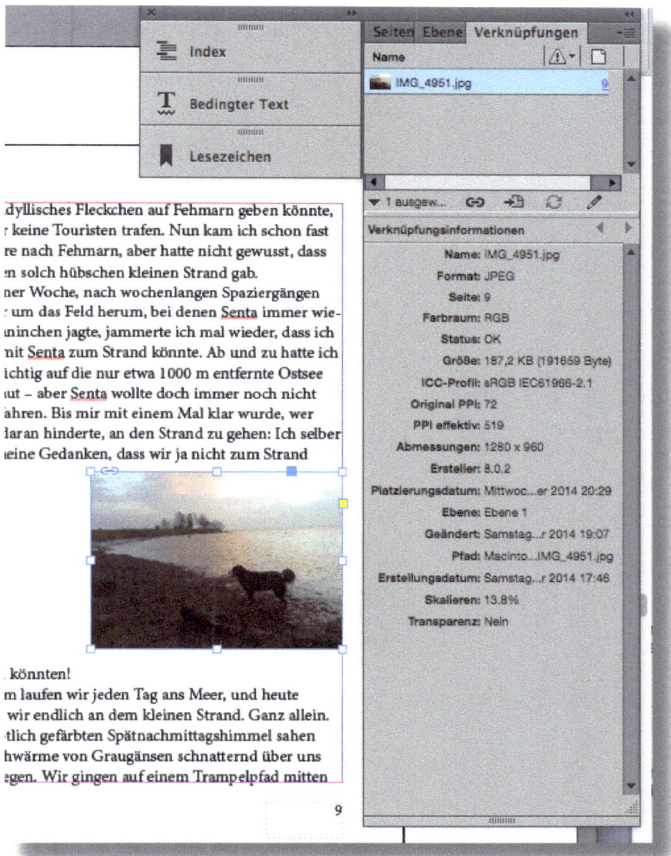

Öffnen Sie das Fenster *Verknüpfungen* und sehen Sie alle Informationen über Ihr Bild. Besonders wichtig sind hier die Angaben zur Auflösung: *PPI effektiv* sollte möglichst über 300 dpi sein (manche Druckereien verlangen nur 220 dpi). Als Farbraum wird von den meisten Druckereien CMYK verlangt. Es ist meist günstiger, die Bilder im tif-Format einzusetzen.

91

Eingefügte Bilder bearbeiten

Sie können Ihr **Bild** direkt aus dem Fenster in *InDesign* heraus **bearbeiten**:

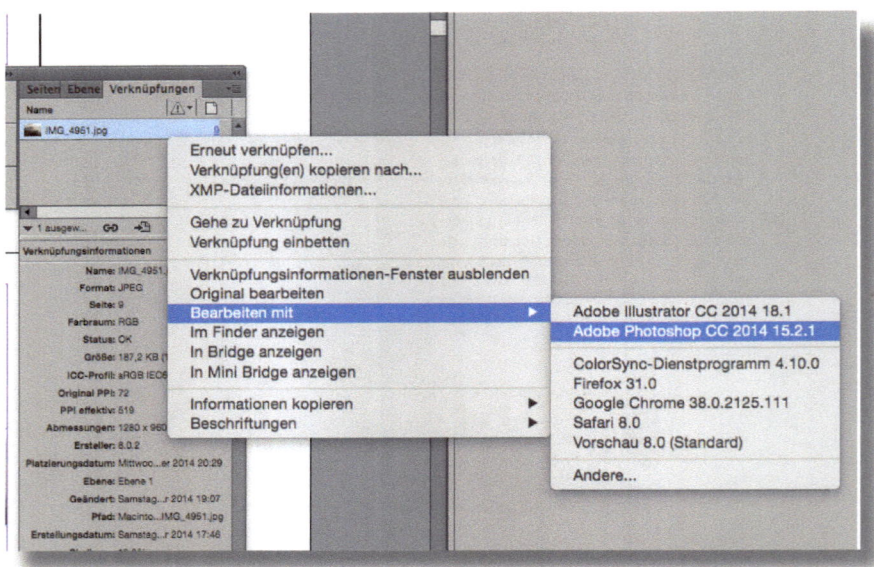

Markieren Sie den Namen des Bildes im Fenster *Verknüpfungen*, klicken Sie mit der rechten Maustaste darauf und wählen Sie über *Bearbeiten mit* das gewünschte Programm (im Beispiel *Adobe Photoshop*).

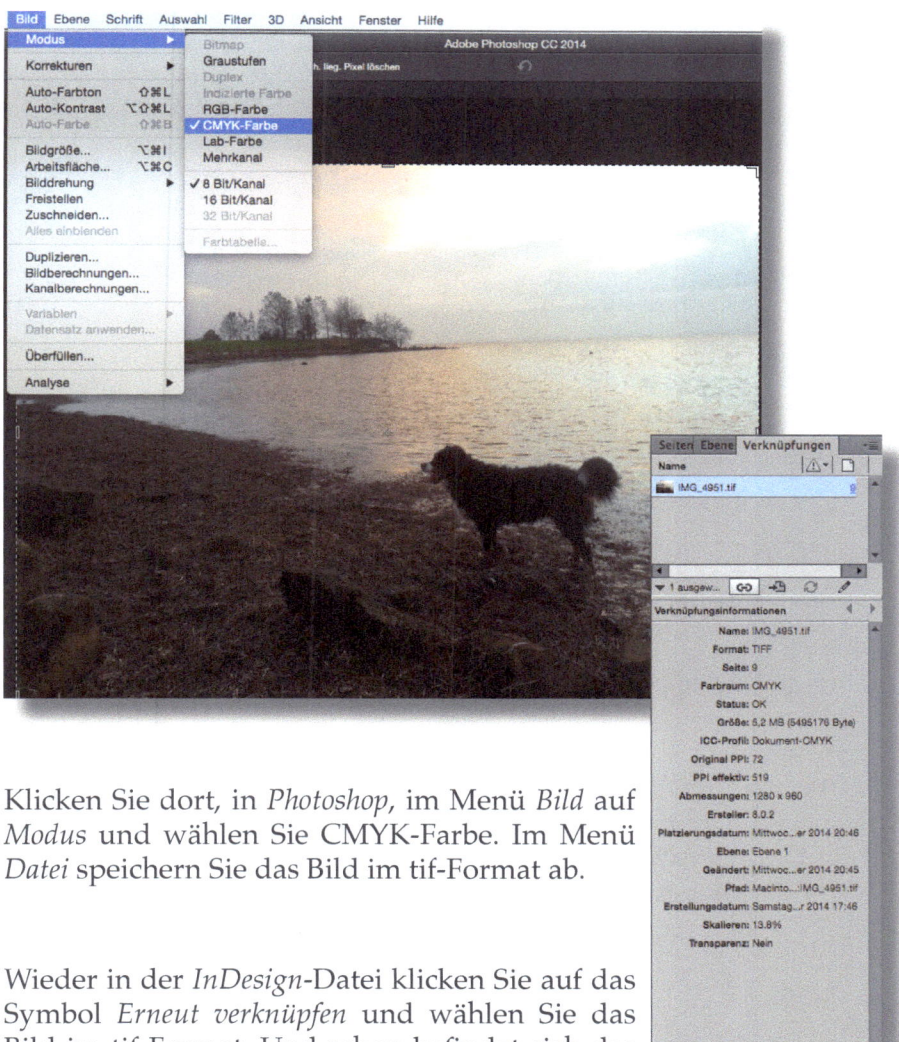

Klicken Sie dort, in *Photoshop*, im Menü *Bild* auf
Modus und wählen Sie CMYK-Farbe. Im Menü
Datei speichern Sie das Bild im tif-Format ab.

Wieder in der *InDesign*-Datei klicken Sie auf das
Symbol *Erneut verknüpfen* und wählen Sie das
Bild im tif-Format. Und schon befindet sich das
bearbeitete Bild an derselben Stelle wie vorher.

93

Inhaltsverzeichnis erstellen

Jedes Buch, das mehr ist als ein „Büchlein", braucht ein Inhaltsverzeichnis. Nur Romane kommen manchmal auch ohne aus, zumindest, wenn die Kapitel nur mit Nummern versehen sind.

InDesign bietet die Möglichkeit, ein Inhaltsverzeichnis zu erstellen, das man aktualisieren kann, wenn sich später im Buch noch etwas ändert. Voraussetzung dafür ist, dass die Überschriften in Ihrem Buch einheitlich formatiert sind.

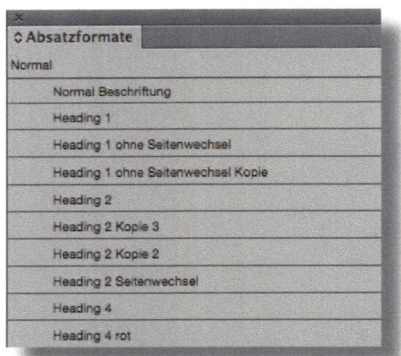

Alle Ihre Überschriften sollten als Absatzformat angelegt sein. Benennen Sie die Formate entsprechend.

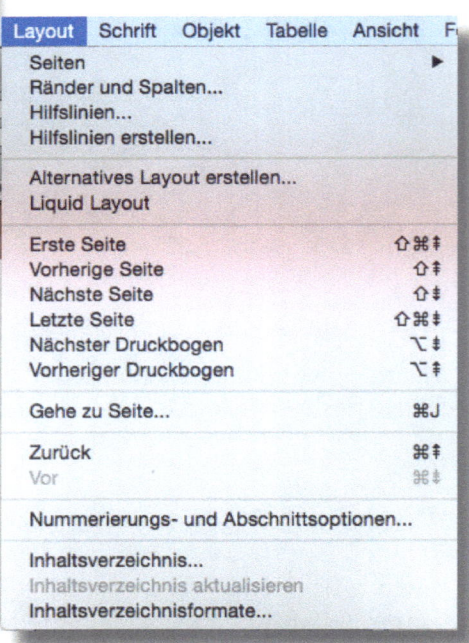

Entscheiden Sie, welche Überschriften im Inhaltsverzeichnis erscheinen sollen und formatieren Sie sie einheitlich im ganzen Buch.

Nun klicken Sie im Menü *Layout* auf *Inhaltsverzeichnis*.

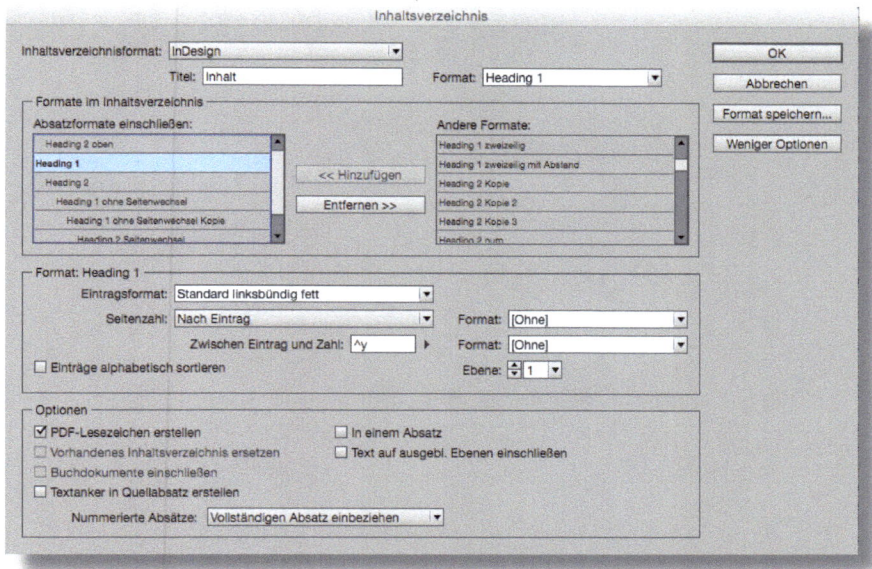

In dem sich öffnenden Fenster können Sie alle Optionen für Ihr Inhaltsverzeichnis einstellen.

Zunächst können Sie unter *Inhaltsverzeichnisformat* ein Format aus einer Liste auswählen. Oder Sie speichern Ihr spezielles Inhaltsverzeichnis unter dem gewünschten Namen, hier: *InDesign*. Dazu klicken Sie auf *Format speichern* – so können Sie Ihre Einstellungen immer wieder abrufen.

Falls das Inhaltsverzeichnis eine Überschrift bekommen soll, tragen Sie die unter *Titel* ein – hier: *Inhalt*. Dieser Überschrift weisen Sie ein Format zu, hier: *Heading 1*.

Nun fügen Sie diejenigen Formate, die im Inhaltsverzeichnis erscheinen sollen, aus dem rechten Auswahlmenü *Andere Formate* in die linke Liste *Absatzformate einschließen.* Sie können sich z. B. auf die Überschriften der ersten und zweiten Ebene beschränken.

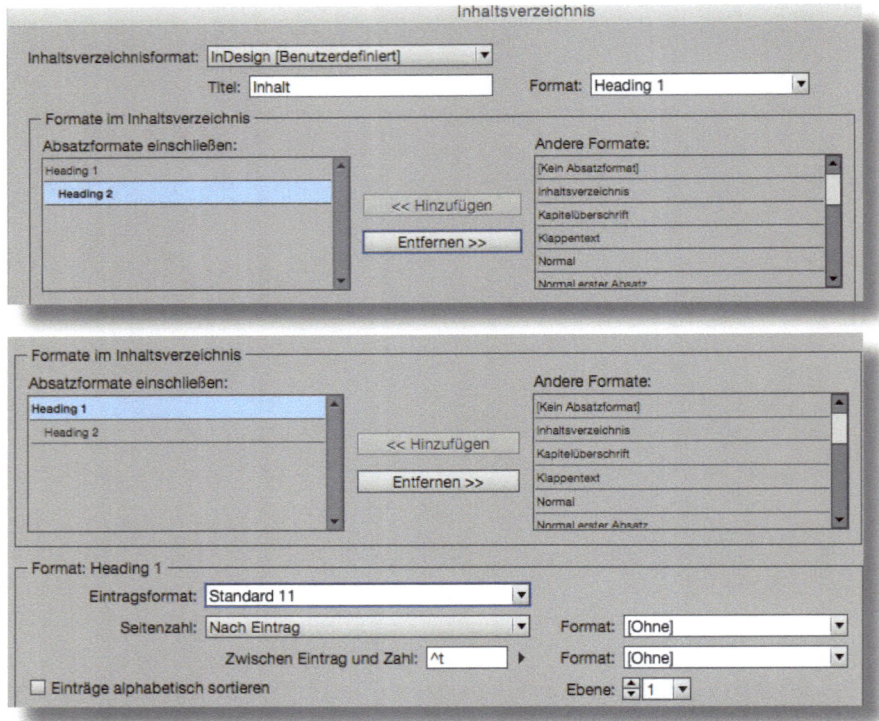

Nun müssen Sie festlegen, wie das Inhaltsverzeichnis aussehen soll, d. h. welche Absatzformate den Überschriften im Verzeichnis zugewiesen werden sollen.

Klicken Sie dazu in der Liste *Absatzformate einschließen* eine Überschrift an und wählen Sie unter *Eintragsformat* das gewünschte Absatzformat. Im Beispiel wird *Heading 1* mit *Standard 11* formatiert.

Legen Sie fest, wo die *Seitenzahl* stehen soll – in der Regel *nach dem Eintrag*. Außerdem können Sie ein Format auswählen, in der Regel die Absatz-Standardschriftart, oder neu definieren.

Unter *Zwischen Eintrag und Zahl* können Sie festlegen, in welchem Abstand die Seitenzahl dem Eintrag folgt und welche Zeichen dazwischen verwendet werden. Hier gibt es viele Möglichkeiten, häufig wird „^t" verwendet – der Tabulator.

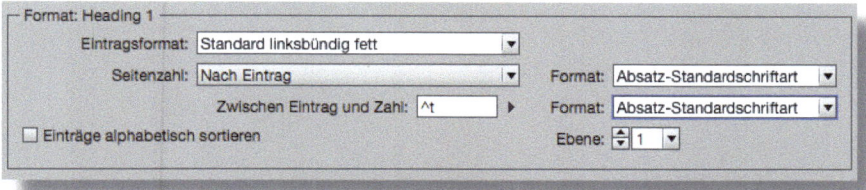

Nachdem Sie alle gewünschten Einstellungen vorgenommen haben, klicken Sie auf „OK". *InDesign* sucht dann die betreffenden Elemente in Ihrem Dokument und stellt sie zum Inhaltsverzeichnis zusammen. Der Mauszeiger verwandelt sich wie beim Platzieren von Texten und Sie müssen das Inhaltsverzeichnis jetzt nur noch an der gewünschten Stelle in Ihrem Dokument platzieren.

Falls Ihnen das Inhaltsverzeichnis nicht auf Anhieb gelingt, verändern Sie die Einstellungen, markieren den Textrahmen auf der Seite des bisherigen Inhaltsverzeichnisses und klicken dann auf *Inhaltsverzeichnis aktualisieren*.

97

Druckvorlage erstellen

Klicken Sie im Menü *Datei* auf *Exportieren* und wählen Sie im sich öffnenden Fenster den Speicherort für Ihre Druckvorlage, geben Sie den gewünschten Namen an und speichern Sie die Datei.

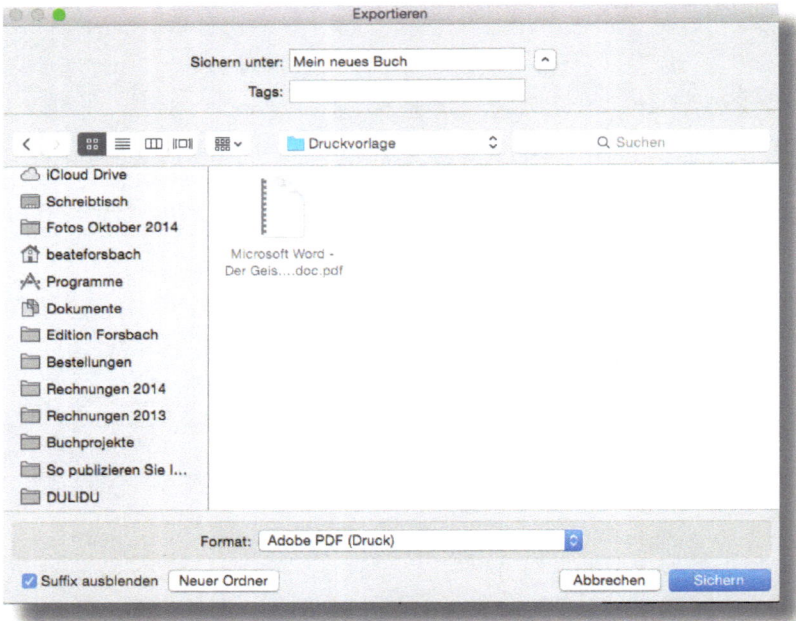

Nach dem Klick auf *Sichern* öffnet sich das Fenster *Adobe PDF exportieren*. Wählen Sie die *Adobe PDF*-Vorgabe nach den Vorgaben Ihrer Druckerei.

Wählen Sie *Seiten* oder *Druckbögen* – für Ihre Durchsicht der Druckvorlage ist die Darstellung in Druckbögen günstig, für die Druckerei brauchen Sie schließlich die Darstellung in Seiten.

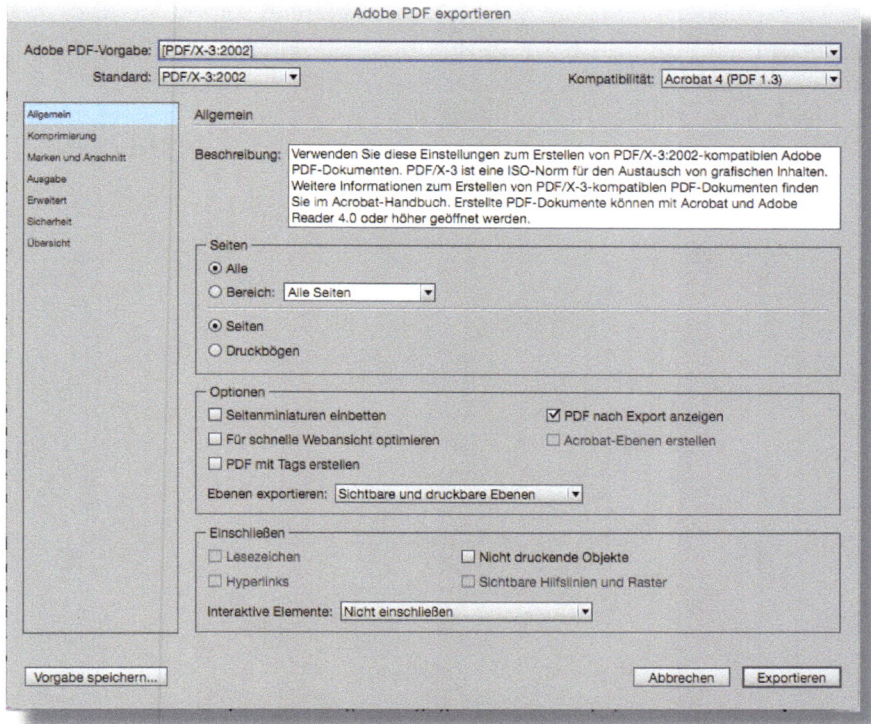

Setzen Sie ein Häkchen neben *PDF nach Export anzeigen*. Dann öffnet sich das Programm *Adobe Acrobat* automatisch und Ihre Buchdatei wird angezeigt.

99

Im Menü *Marken und Anschnitt* können Sie wählen, ob Sie die Anschnittseinstellungen des Dokuments verwenden möchten oder nicht. Im Buchblock gibt es in der Regel keinen Anschnitt. Nur bei Seiten, bei denen die Bilder bis an den Rand reichen, benötigen Sie einen Anschnitt von 3 bis 5 mm, je nach Vorgaben der Druckerei.

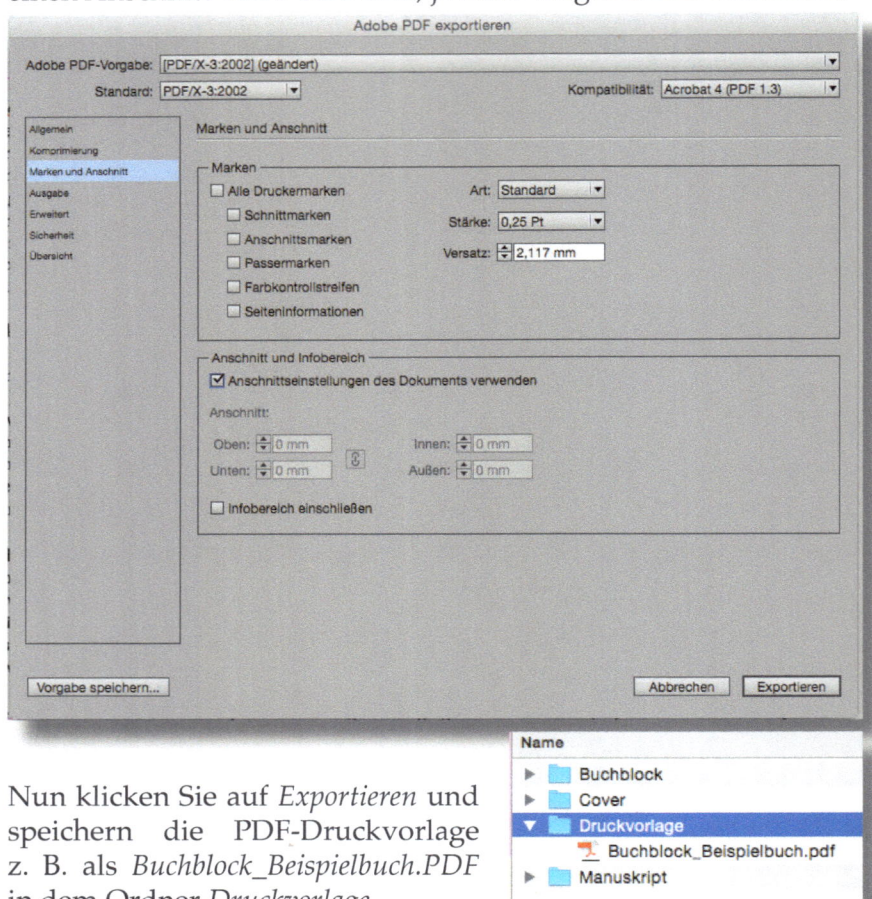

Nun klicken Sie auf *Exportieren* und speichern die PDF-Druckvorlage z. B. als *Buchblock_Beispielbuch.PDF* in dem Ordner *Druckvorlage*.

100

Das Buchcover

Das Buchcover, besser gesagt die Titelseite des Buches, ist das wichtigste Verkaufsargument für Ihr Buch. Stellen Sie sich vor, ein interessierter Buchkäufer schaut sich in einer Buchhandlung um.

Unter den ausgelegten Büchern in der ihn interessierenden Abteilung fällt ihm als Erstes das Buch auf, dessen Titel ihn interessiert oder dessen Cover ihn besonders anspricht.

Manchmal ist es auch das Buch eines Autors, den er schon von anderen Büchern her kennt und schätzt. Erst dann nimmt er das Buch in die Hand, dreht es um und liest den Klappentext. Wenn auch der interessant erscheint, schaut er manchmal noch in das Buch hinein und liest das Inhaltsverzeichnis und eventuell die Einleitung.

In den Buchläden im Internet ist es ähnlich: Manch interessierter Buchkäufer sieht eine ganze Abteilung durch, um zu schauen, ob ihn etwas interessiert. Auch hier ist es oft der Buchtitel, meist aber das Cover, das zu einem näheren Hinschauen einlädt.

Im Internet werden viele Bücher nach Stichworten gesucht und gefunden, daher ist die Formulierung des Titels und des Untertitels sehr wichtig.

Außerdem muss man beachten, dass das Cover auch in Briefmarkengröße noch aussagekräftig ist. In der Regel sind es nicht mehr als 20 Sekunden, in denen der mögliche Buchkäufer das Buch anklickt, um sich weiter zu informieren oder – im besten Falle – das Buch direkt zu kaufen.

Anlegen eines neuen Dokumentes für das Cover

Über *Datei – Neu* erzeugen Sie ein neues Dokument für Ihr Buchcover.

```
                          Neues Dokument

Dokumentvorgabe:  [Benutzerdefiniert]        ▼   ⬇  🗑

    Zielmedium:  Druck                       ▼

  Seitenanzahl:  1              ☑ Doppelseite
 Startseitennr.:  1              ☐ Primärer Textrahmen

┌ Seitenformat: Buchcover 124x189           ▼ ─────────┐
   Breite: ⬍ 256 mm        Ausrichtung: [📄][📄]
    Höhe: ⬍ 189 mm
└───────────────────────────────────────────────────┘

┌ Spalten ───────────────────────────────────────────┐
 Anzahl: ⬍ 1        Spaltenabstand: ⬍ 4,233 mm
└───────────────────────────────────────────────────┘

┌ Ränder ────────────────────────────────────────────┐
   Oben: ⬍ 10 mm       Innen: ⬍ 10 mm
  Unten: ⬍ 10 mm   🔗  Außen: ⬍ 10 mm
└───────────────────────────────────────────────────┘

┌ ▼ Anschnitt und Infobereich ───────────────────────┐
              Oben      Unten     Innen     Außen
 Anschnitt:  3 mm      3 mm      3 mm      3 mm     🔗
 Infobereich: 0 mm     0 mm      0 mm      0 mm
└───────────────────────────────────────────────────┘

☐ Vorschau            [ Abbrechen ]      [  OK  ]
```

Wie bei der Datei für den Buchblock geben Sie die Maße der Seiten ein und speichern Ihre Vorlage unter dem gewünschten Namen, z. B. „Buchcover 124 x 189".

Die **Breite des Buchcovers** berechnet sich so:

2x (Breite der Seite) + Rückenstärke.

Im Beispiel also: 2 x 124 mm + 8 mm = 256 mm.

Sie können die Breite des Buchrückens später noch verändern, wenn Sie die genaue Seitenzahl wissen. Das Maß erfahren Sie von Ihrer Druckerei – für Softcover- und Hardcoverumschläge gelten verschiedene Maße.

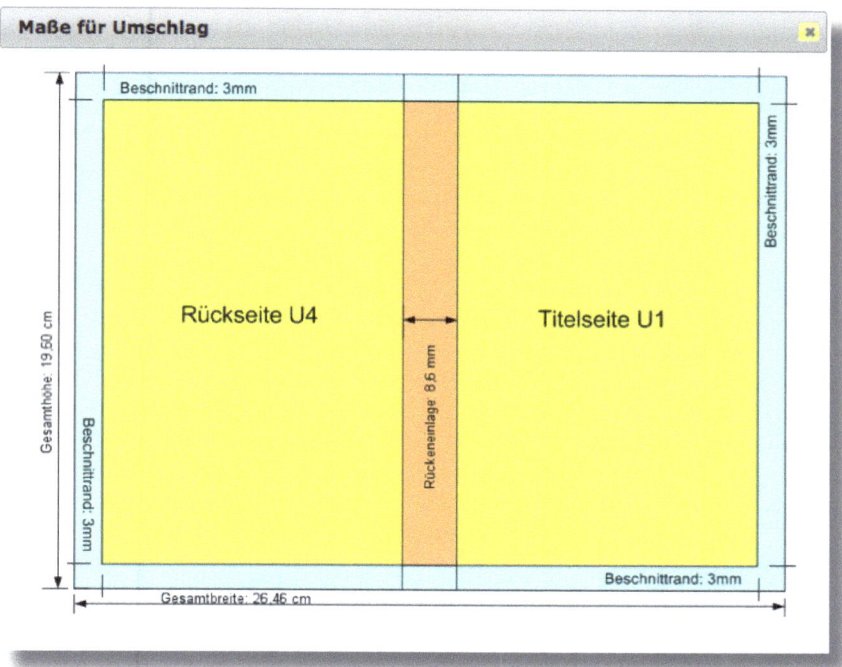

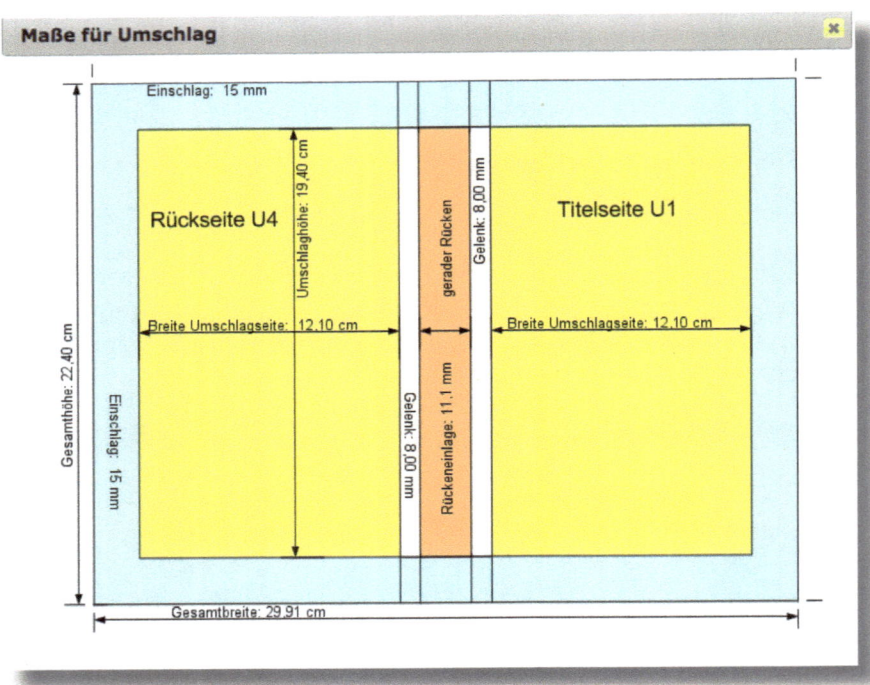

Die **Höhe des Buchcovers** entspricht der Höhe Ihrer Buchseite.

Es empfiehlt sich, die **Ränder** gleich einzurichten, da für das Cover nicht dieselben Regeln wie für den Satzspiegel im Buch gelten.

Für den **Anschnitt** tragen Sie 3 mm bzw. das von Ihrer Druckerei vorgeschriebene Maß ein.

Nach einem Klick auf „OK" öffnet sich die Arbeitsfläche für Ihre Coverdatei.

Coverbild einfügen

Platzieren Sie einen **Bildrahmen** für Ihr Coverbild. Die Maße sind im Beispiel: Seitenbreite 124 mm + 3 mm Beschnittrand = 127 mm. Seitenhöhe 189 mm + 2 x 3 mm Beschnittrand = 195 mm.

Aktivieren Sie den Bildrahmen, platzieren Sie das gewünschte Coverbild und wählen einen geeigneten Ausschnitt.

Falls die Rückseite Ihres Buches mit einer bestimmten Farbe unterlegt sein soll, setzen Sie mit dem *Rechteckwerkzeug* einen Rahmen um die restliche Fläche, also Rückseite und Buchrücken. Größe hier: 135 x 195 m.

Füllen Sie diesen Rahmen mit der gewünschten Farbe.

Klicken Sie dazu den Rechteck-rahmen an und öffnen Sie das Fenster *Farbe – Farbfelder,* das Sie auch über die Werkzeugleiste oder das Farb-Bedienfeld in der Steuerungsleiste erreichen können.

Klicken Sie mit der rechten Maustaste auf die Farbbeschrei-bung, um ein neues Farbfeld anzulegen, ein Farbfeld zu duplizieren oder zu löschen, oder um zu den *Farbfeldoptionen* zu gelangen.

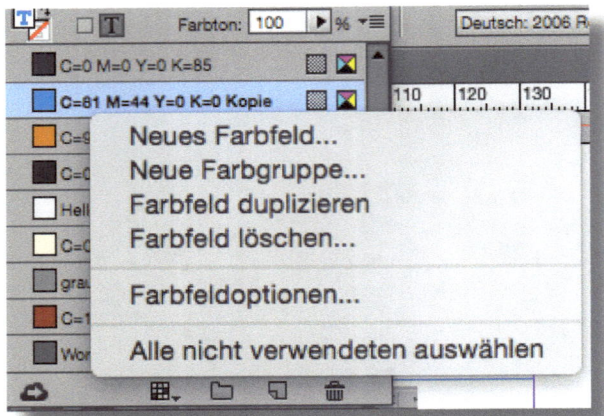

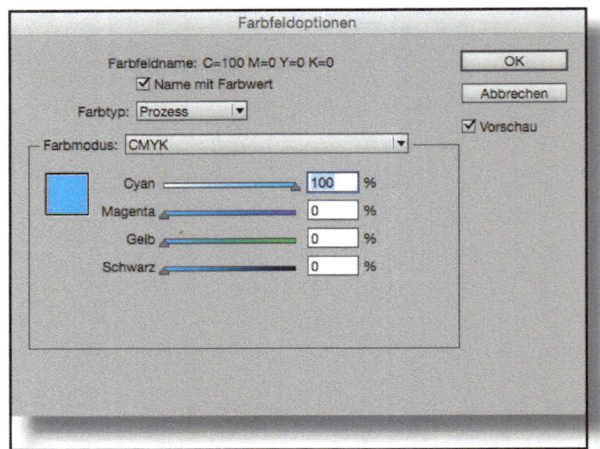

In dem Fenster *Farbfeldoptionen* können Sie die gewünschte Farbe für das Buchcover mischen – bitte verwenden Sie für den Farbmodus die Einstellung CYMK – die Dateien für den Buchdruck müssen in der Regel mit CYMK-Farben angelegt sein.

Tipp: Mit der kostenlosen Anwendung *Adobe Color CC* (früher: *Adobe Kuler*), die es auch als App für Ihr *iPhone* gibt, können Sie zu jedem Foto das entsprechende Farbschema bestimmen. So finden Sie leicht die richtigen Farben für Ihr Buchcover und die Schriften.

Ziehen Sie einen Textrahmen für den Buchrücken auf – Größe hier: 8 mm x 195 mm – und beschriften Sie ihn mit dem Namen des Autors und dem Titel. Dann drehen Sie den Textrahmen um 90° gegen den Uhrzeigersinn (Menü *Objekt – Transformieren*) und ziehen ihn in das Cover hinein. Die Feinausrichtung können Sie in der Steuerungsleiste vornehmen.

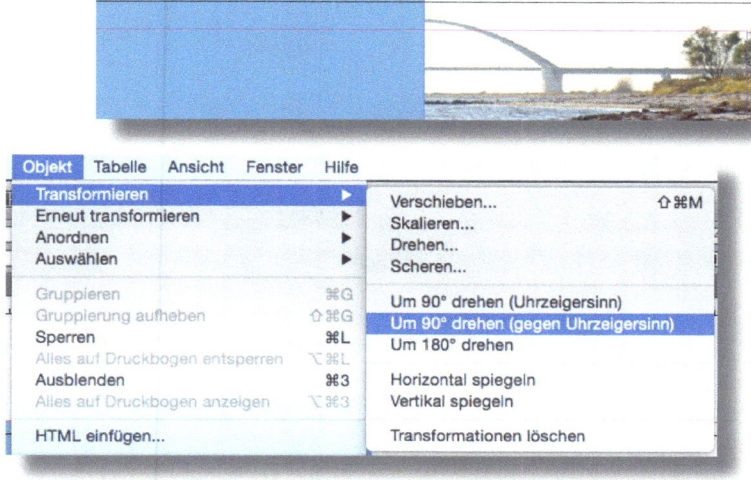

Titel, Klappentext & Co.

Ziehen Sie nun verschiedene Text- und Bildrahmen auf, um den Autorennamen, den Titel, den Klappentext, weitere Bilder und ein Logo einzufügen.

Für den **Autorennamen** und den **Buchtitel** empfiehlt sich eine serifenlose Schrift. Der Titel wirkt dann klar und kann leicht gelesen werden – auch aus der Entfernung oder auf einer briefmarkengroßen Abbildung.

Für den Klappentext kann man auch eine Serifenschrift verwenden, insbesondere, wenn der Text mehr als fünf Zeilen umfasst.

Im Beispiel verwenden wir für den Autorennamen die *Myriad Pro Bold* 18 Pt und für den Titel dieselbe Schrift in 48 Pt. Dazu passt der Text auf der Rückseite in der Schrift *Minion Pro*, die auch im Verlags-Logo verwendet wird.

ISBN und Barcode

Jedes Buch mit einer ISBN braucht auch einen Strichcode, den sogenannten *Barcode*, um im Buchhandel erhältlich zu sein. Die ISBN mit dem Barcode wird in der Regel auf der Rückseite des Buchcovers aufgedruckt.

Wenn Sie nur ein einziges Buch veröffentlichen möchten, können Sie eine einzelne ISBN bekommen. Sie kostet 90,98 € inklusive MwSt. und Versandkosten. Sie kann beim MVB Marketing- und Verlagsservice des Buchhandels GmbH www.german-isbn.org beantragt werden.

Außerdem sollten Sie Ihr Buch im VLB (Verzeichnis lieferbarer Bücher) anmelden (info.vlb.de/). Die Kosten betragen 79 € pro Jahr (Mindestgebühr). Mit der Aufnahme ins VLB ist gewährleistet, dass Ihr Buch in der gesamten deutschen Buchwelt wahrgenommen und gehandelt werden kann.

Sie können den Barcode gleich mitbestellen, eine EPS-Datei kostet 4,00 €. Allerdings beträgt die Mindestgebühr 40 € zzgl. Versandkosten und Mehrwertsteuer.

Eine einfache Möglichkeit, den Barcode selbst zu erstellen

Kopieren Sie die ISBN und öffnen Sie folgende Website:
www.terryburton.co.uk/barcodewriter/generator/
Der Inhaber der Website freut sich über eine freiwillige Spende.

Online Barcode Generator

The world's most capable free web-based online barcode generator a

Download symbols of all major symbologies in EPS (vector), PNG
Symbologies include EAN, UPC, QR Code, Micro QR Code, ISBN
PDF417, MicroPDF417, Data Matrix, GS1 DataMatrix, GS1 QR C

Enter the parameters for the barcode

Select the symbology corresponding to your required barcode forma

- Acceptable **contents** varies according to the symbology as d
- Formatting **options** for customising the encoding and appear

Required parameters

Symbology: | ISBN |

Contents: | 978-3-943134-26-1 |

Options: | includetext |

Additional parameters

Scale: | 2 | | 2 |

Rotate: | 0 |

Note: The ability to generate a barcode image does not confer the rig

PayPal Making this hugely popular barcode generator freely a
Donate support its ongoing availability. (A PayPal account is r

g+1 | 463 | Like | 4.8k

Make Barcode | (It will appear below)

112

Im Feld neben *Symbology* wählen Sie: ISBN, bei *Contents* tragen Sie Ihre eigene ISBN ein. Bei *Options* steht: *includetext guardwhitespace,* löschen Sie einfach *guardwhitespace,* um einen transparenten Hintergrund zu erhalten.

Klicken Sie nun auf *Make Barcode* – es erscheint der Barcode als Grafik, die Sie in den Formaten EPS, PNG und JPEG herunterladen können. Ich empfehle EPS.

Speichern Sie den Barcode ab, am besten unter Ihrer ISBN – also im Beispiel als Datei 9783943134261.eps.

Ziehen Sie auf dem Buchcover einen Grafikrahmen von 30 x 21 mm auf, aktivieren Sie den Rahmen und platzieren Sie die Datei 9783943134261.eps.

Sie können den Barcode von der Größe her noch anpassen. Klicken Sie nun im *Farbfeld* auf die Farbe *weiß (Papier),* nun ist der Hintergrund des Barcodes weiß. Sie können den Rahmen noch etwas vergrößern und schon ist Ihr Barcode druckfertig auf dem Buchcover.

Druckvorlage erstellen

Das funktioniert im Prinzip so wie das Erstellen der Druckvorlage für den Buchblock: Klicken Sie im Menü *Datei* auf *Exportieren* und wählen Sie im sich öffnenden Fenster den Speicherort für Ihre Druckvorlage. Geben Sie den gewünschten Namen ein und speichern Sie die Datei. Nach dem Klick auf *Sichern* öffnet sich das Fenster *Adobe PDF exportieren*. Wählen Sie die *Adobe PDF-Vorgabe* nach den Vorgaben Ihrer Druckerei. Setzen Sie ein Häkchen neben *PDF nach Export anzeigen*.

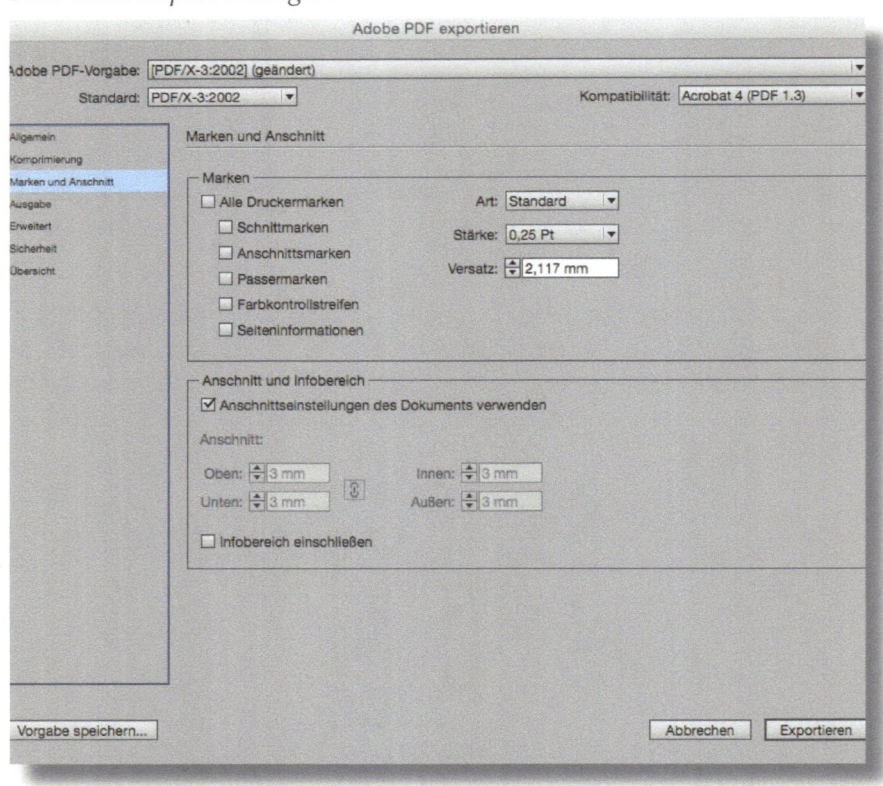

Achten Sie bitte darauf, im Menü *Marken und Anschnitt* anzuklicken, dass die Anschnitteinstellungen des Dokuments verwendet werden (im Beispiel 3 mm).

Möchten Sie Ihr Cover im genauen Ausmaß sehen, z. B. zum Ausdrucken, dann entfernen Sie bitte das Häkchen neben *Anschnittseinstellungen des Dokuments verwenden.*

Klicken Sie auf *Exportieren*: Ihre PDF-Druckvorlage wird erzeugt und in *Adobe Acrobat* angezeigt. Überprüfen Sie Ihre Druckvorlage, drucken Sie sie aus und lesen Sie Korrektur. Korrigieren Sie in der *InDesign*-Datei – diesen Vorgang zur Erstellung der Druckvorlage können Sie beliebig oft wiederholen.

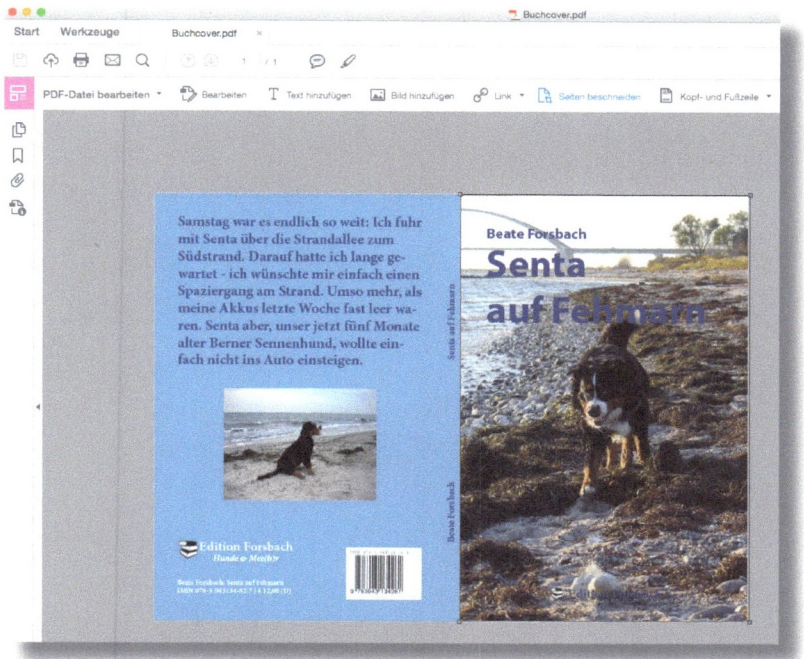

Aus der fertigen PDF-Datei können Sie dann die Titelseite mit den originalen Maßen herausschneiden und in eine JPG-Datei umwandeln. Dieses Coverbild benötigen Sie u. a. für die Meldung im VLB, für Ihre Website, für die Presse u. v. m.

Öffnen Sie dazu die Coverdatei in *Acrobat* und wählen Sie *Werkzeuge – PDF-Datei bearbeiten – Seiten beschneiden*. Markieren Sie den Bereich der Covervorderseite mit der Maus, klicken Sie in das Bild und gelangen Sie in das Fenster *Seitenrahmen festlegen*. Hier geben Sie die exakten Maße für den Beschnitt-Rahmen ein. Kontrollieren Sie in dem Bild rechts die Größe der beschnittenen Seite, sie muss genau Ihrem Buchmaß entsprechen. Nach einem Klick auf „OK" erhalten Sie die Covervorderseite.

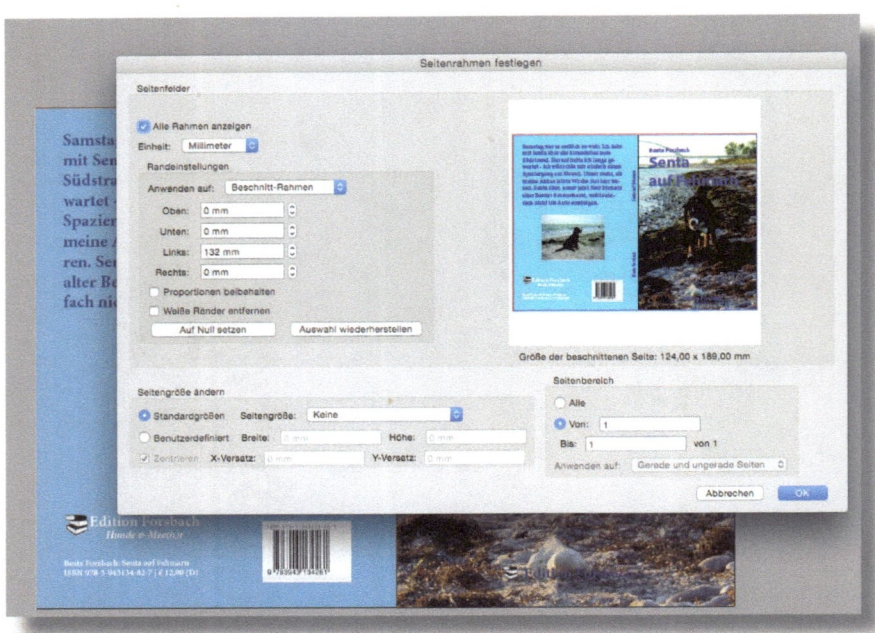

Wandeln Sie diese PDF-Datei in eine JPG-Datei um, z. B. mit *Adobe Photoshop*: Öffnen Sie die PDF-Datei in *Photoshop*, geben Sie die gewünschten Parameter ein, klicken Sie auf „OK" und speichern Sie die Covervorderseite unter *Coverfront_Beispielbuch.JPG* ab.

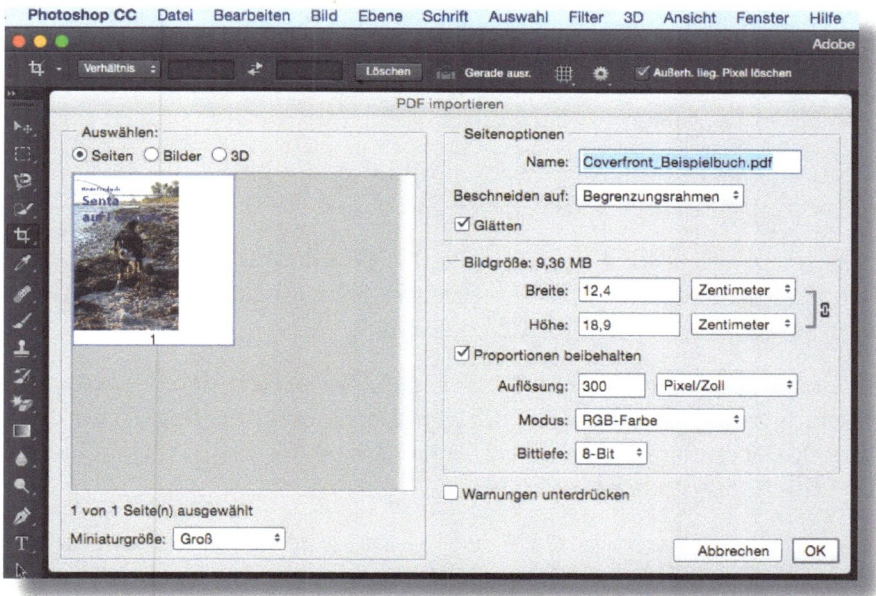

Beispiele mit verschiedenen Parametern:

Originalgröße, Auflösung 300 dpi, RGB-Modus – für das VLB

Originalgröße, geringere Auflösung 72 dpi, RGB-Modus – für web

Als Tif-Datei für den Abdruck, z. B. auf Flyern oder in Prospekten: Größe 400 x 610 Pixel, Auflösung 300 dpi, CYMK-Modus

117

Ausblick

Nach dieser kurzen Einführung in die Gestaltung von Buchblock und Buchcover mit *Adobe InDesign* sollten Sie nicht den Mut verlieren. Fangen Sie einfach erst einmal an, Ihr eigenes Buch selbst zu publizieren. Sie werden ein unglaubliches Glücksgefühl erleben: das *Glück des Büchermachens*.

Dieser Virus hat mich vor über zehn Jahren gepackt, als ich meine Dissertation, mein erstes eigenes Buch, druckreif gesetzt habe.

Bei jedem weiteren Buch ist es dasselbe Glücksgefühl: etwas geschafft zu haben, was nicht jeder schafft, und dazu anderen und sich selber eine große Freude zu machen.

Der schönste Moment im Schaffensprozess ist für mich der Augenblick, wenn ich die Dateien für den Buchblock und das Cover zur Druckerei hochgeladen habe. Doch dann beginnt die Wartezeit, bis das Buch gedruckt ist.

Und schließlich wird der schönste Moment der Fertigstellung noch einmal übertroffen von dem Augenblick, wenn das Buchpaket ankommt und man endlich das selbst geschriebene und selbst produzierte Buch in den Händen hält.

In Abwandlung des bekannten Mottos „Träume nicht Dein Leben, sondern lebe Deinen Traum" wünsche ich Ihnen:

Träume nicht Dein Buch, sondern publiziere es!

Ich wünsche Ihnen dabei viel Freude, Glück und Erfolg!

Ihre Beate Forsbach

Anhang

Kleines ABC des Büchermachens

Abbildungen Jedes Buch wird äußerlich attraktiver durch Abbildungen, aber nicht jedes Buch braucht Abbildungen. Überlegen Sie genau, ob und welche Abbildungen Sie veröffentlichen wollen. Sie müssen auf jeden Fall über die Rechte an dem Bild verfügen.

Autor kommt von Autorität – ein eigenes Buch ist die beste Werbung für Sie und Ihr Unternehmen. Es kann Ihren Ruf positiv verstärken. Wer ein Buch über eine Sache geschrieben hat, beweist, dass er Experte für ein Thema ist.

BoD ist die Abkürzung für **Book-on-Demand**, auch als Print-on-Demand (PoD) bezeichnet. Es handelt sich um ein seit den 1990er Jahren gebräuchliches Produktionsverfahren für Bücher, die jeweils erst auf Bestellung (on Demand) gedruckt werden. Die Druckvorlage liegt in elektronischer Form vor, meist als PDF-Datei, das Buch kann mit Hilfe der Digitaldrucktechnik in kürzester Zeit gedruckt und ausgeliefert werden. Bekanntester und größter Anbieter ist BoD in Norderstedt.

Buchblock Der Buchblock besteht aus den bedruckten Blättern eines Buches, die bei der Buchherstellung geklebt oder geheftet werden. Für die Druckerei wird eine PDF-Datei für den Buchblock erstellt, eine andere für das Buchcover.

Computer Auch heutzutage werden Bücher noch mit der Hand geschrieben. Jedoch muss sie dann jemand in einer Textverarbeitung am Computer in eine digitale Form bringen, damit das Buch später gedruckt werden kann. Am Computer kann man auch die Bilder bearbeiten und das Layout des Buches gestalten. Wer die entsprechende Software besitzt, kann sein Buch von der ersten Idee bis zur Publikation am Computer herstellen.

Copyright Das entspricht dem deutschen Begriff Urheberrecht. Ein Copyright-Vermerk deutet darauf hin, dass Bilder, Sprüche, Gedichte und ganze Texte urheberrechtlich geschützt sind. Sie dürfen Materialien mit einem fremden Copyright nur mit Zustimmung der Urheber in Ihrem Buch verwenden.

Cover Damit ist der Buchumschlag gemeint. Man unterscheidet Softcover, auch Paperback genannt, also einen flexiblen Buchumschlag, und Hardcover, das ist ein fester Buchumschlag aus Karton. Manchmal gibt es Leinen- oder Lederüberzüge, oder auch zusätzliche Schutzumschläge für das Buch.

Druckvorlage Die Druckvorlage Ihres Buches besteht meistens aus zwei Dateien: Dem Buchblock und dem Cover. Die Dateien sind in der Regel PDF-Dateien in hochwertiger Qualität, die man mit kostenlosen Programmen nicht unbedingt erzeugen kann. Layoutprogramme wie *Adobe InDesign* bieten die Möglichkeit, eine druckfertige PDF-Datei zu erzeugen.

Exposé Ein Exposé ist eine Art Kurzwerbetext für Ihr Buchprojekt. Daraus können später der Klappentext des Buches sowie Werbetexte und Pressemitteilungen entstehen. Ein ausführliches Exposé enthält neben den Angaben zum Buch (Inhalt, Umfang, Abgabetermin) auch Angaben zum Profil des Autors, zur Zielgruppe, zu Verkaufsargumenten, zu Konkurrenztiteln und zum Marketing.

Fachbuch Ein Fachbuch wendet sich an Fachleute, hier soll Wissen über ein Thema vermittelt werden.

Fahne Mit „Fahne" bzw. „Druckfahne" bezeichnet man den Papierausdruck des fertig gesetzten Buches. Hier werden vor dem endgültigen Druck letzte Korrekturen durch Autor und Lektor angebracht.

Fotos Heutzutage kann man Fotos einfach in Büchern veröffentlichen. Entweder liegen die Fotos bereits als Datei, also in digitaler Form vor. Oder das ausgedruckte Foto wird mit Hilfe eines Scanners digitalisiert, um in die Buchdatei integriert zu werden. Falls Sie eigene Fotos verwenden möchten, achten Sie bitte auf eine größtmögliche Auflösung beim Fotografieren bzw. Einscannen.

Grafik ist ein Sammelbegriff für alle künstlerischen und technischen Zeichnungen. Auch die besondere Gestaltung von Schrift in einem Buch kann als Grafik bezeichnet werden. Um Grafiken in ein Buch aufzunehmen und zu bearbeiten, benötigt man in der Regel eine spezielle Software. Es gibt z. B. Bildbearbeitungsprogramme wie *Adobe Photoshop*, Malprogramme wie *Corel Painter* und spezielle Vektorgrafikprogramme wie *Adobe Illustrator* oder *Corel Draw*.

InDesign Das Programm *Adobe InDesign* ist ein professionelles Layout- und Satzprogramm. Hiermit kann man Dateien als PDF in *Adobe Acrobat* ausgeben, die als professionelle Druckvorlage für Bücher, Zeitschriften, Flyer, Plakate u. v. m. dienen können. Es ist eine direkte Zusammenarbeit mit dem Bildbearbeitungsprogramm *Adobe Photoshop* und dem Grafikprogramm *Adobe Illustrator* möglich.

ISBN ist die Abkürzung für Internationale Standard-Buch-Nummer. Sie dient zur eindeutigen Kennzeichnung von Büchern und anderen selbstständigen Veröffentlichungen. ISBN werden vor allem im Buchhandel verwendet, sie sind im VLB, im Verzeichnis lieferbarer Bücher gelistet.

JPG oder auch JPEG (benannt nach der Joint Photographic Experts Group, die das Format entwickelt hat) ist ein Dateiformat, das vor allem für Fotos verwendet wird.

Klappentext Der Klappentext gehört mit Titel, Untertitel und Cover zu den wichtigsten Verkaufsargumenten für ein Buch. Der Klappentext soll über das Buch informieren und zum Kauf anregen, ohne den Inhalt in allen Einzelheiten zu verraten.

Layout bedeutet die Gestaltung des Buches, es geht um das Gesamterscheinungsbild mit Text und Abbildungen.

Leerzeichen sind die Zwischenräume zwischen den Worten, sie können unterschiedlich groß sein, je nach Schriftart und Satz. Im Blocksatz variieren die Zwischenräume, bei Schreibmaschinenschrift sind sie konstant. Achten Sie beim Schreiben Ihres Manuskripts darauf, dass Sie die Leertaste nicht doppelt betätigen.

Manuskript Unter Manuskript verstand man ursprünglich handgeschriebene Bücher. Heute bezeichnet man die meist am Computer geschriebenen Druckvorlagen als Manuskript.

Normseite Als man früher mit der Schreibmaschine schrieb, gab es für jeden Buchstaben und jedes Leerzeichen gleich viel Platz. Es passten in der Regel 30 Anschläge in eine Zeile, und 60 Zeilen auf ein DIN-A4-Blatt. Daraus ist die „Normseite" mit 30 x 60 = 1800 Zeichen geworden. Dabei werden allerdings halbvolle Zeilen und Seiten sowie die Formatierung von Dialogen nicht berücksichtigt. Daher wurde von der VG Wort eine Normseite vereinfacht als Normseite mit 1500 Anschlägen festgelegt.

Orthografie Mit Orthografie bzw. Orthographie ist die Rechtschreibung gemeint, also die allgemein übliche Schreibweise der

Worte in der deutschen Sprache. In Ihrem veröffentlichten Buch sollten möglichst keine Fehler in der Orthografie vorkommen.

PDF bedeutet Portable Document Format und meint ein plattformunabhängiges Dateiformat für Dokumente, d. h. jedes Schriftstück im PDF-Format sieht auf jedem Computer und beim Ausdruck auf jedem Drucker gleich aus.

PoD ist die Abkürzung für **Print-on-Demand**, siehe auch BoD.

Quelle Geben Sie für Zitate aus anderen Texten die Quellen genau an, nennen Sie dazu die bibliographischen Angaben des Buches, aus dem das Zitat stammt, mit genauer Seitenzahl. Für Abbildungen und Ganzzitate von Texten genügt die Angabe der Quelle nicht, hier müssen Sie das Copyright angeben.

Ratgeber Ein Ratgeber wendet sich an Leser, die eine Lösung für ein Problem suchen. Hier kann man zeigen, wie man etwas macht.

Sachbuch Ein Sachbuch wendet sich an interessierte Leser, man schreibt über ein Thema, eine Sache.

Schriftsteller Während ein Autor jeder ist, der einen Text jeglicher Art veröffentlicht hat, meint man mit der Bezeichnung Schriftsteller einen Verfasser literarischer Texte. Welche Schriften einen literarischen Anspruch erheben, ist jedoch nicht klar definiert. Auch kann ein Schriftsteller nicht eindeutig von einem Publizisten oder einem Dichter unterschieden werden. Aber jeder, der schreibt, ist ein Autor.

Tif oder auch tiff (**Tagged Image File Format**) ist ein Dateiformat, das vor allem für Bilder verwendet wird. Beim Buchdruck wird es dem JPG-Format vorgezogen.

Unterhaltung Viele Bücher der Belletristik dienen der Unterhaltung. Heutzutage werden auch Sachbücher und Ratgeber zunehmend in einem unterhaltsamen, aber informativen Stil geschrieben.

Verlag Ein Verlag ist ein Unternehmen, das Medien wie Bücher, Musik, DVDs, Software usw. vervielfältigt und verbreitet. Die Medien werden vom Verlag selber oder über den entsprechenden Handel verkauft.

Veröffentlichung Unter Publikation oder Veröffentlichung versteht man das öffentliche Verfügbarmachen eines Buches.

VLB Das Verzeichnis lieferbarer Bücher (VLB) ist ein Katalog des deutschen Buchhandels. Es verzeichnet alle lieferbaren Titel, die in Verlagen oder im Selbstverlag erschienen sind. Nicht mehr lieferbare Titel werden wieder aus dem Verzeichnis entfernt.

Word ist ein Textverarbeitungsprogramm der Firma *Microsoft*. Es ist Teil der *Office*-Suite, wird aber auch als selbstständiges Programm verkauft. Es ist seit 1983 auf dem Markt und heute das meistverwendete Textverarbeitungsprogramm der Welt.

X-beliebig sollte weder der Buchtitel noch die Wahl des Verlages sein.

Ypsilon kommt leider in Buchtiteln nicht vor.

Zitat Ein Zitat ist die wörtliche Wiedergabe eines fremden Textes. Es muss genau abgeschrieben werden, selbst wenn Fehler darin sein sollten. Das Zitat muss im eigenen Text erkennbar sein, meist wird es in Anführungszeichen gesetzt. Die Quelle des Zitats ist möglichst genau anzugeben.

Auswahlbibliographie

Apel, Yves: *E-Books mit InDesign CC: Die Profi-Anleitung für ePub, Mobi & Co.* dpunkt.verlag GmbH, Heidelberg 2014

Bendix, Manuela: *Wissenschaftliche Arbeiten typografisch gestalten. Mit Word und InDesign ans Ziel.* Springer Verlag, Berlin, Heidelberg 2008

Forsbach, Beate: *Bücher schreiben mit Herz. Der kreative Weg zum eigenen Sachbuch.* Edition Forsbach, Fehmarn 2016

Forsbach, Beate: *Der Traum vom eigenen Buch. Wie Sie ihn verwirklichen können.* Edition Forsbach, Fehmarn 2013

Forsbach, Beate: *So publizieren Sie Ihr Buch. Vom Manuskript bis zum Selbstverlag.* Edition Forsbach, Fehmarn 2015

Forsbach, Beate: *So schreiben Sie Ihr Buch. Von der Idee bis zum fertigen Manuskript.* Edition Forsbach, Fehmarn 2013

Forsbach, Beate: *Word 2016 für Buchautoren. Schritt für Schritt zum fertigen Manuskript.* Edition Forsbach, Fehmarn 2017

Khazaeli, Cyrus Dominik: *Crashkurs Typo und Layout. Vom Schriftdesign zum visuellen Konzept.* Rowohlt TB Verlag, Reinbek 2005

Kommer, Isolde: *Digital publizieren mit InDesign CC: E-Books und Tablet-Apps entwickeln.* Hanser Verlag, München 2013

Korthaus, Claudia: *Das Design-Buch für Nicht-Designer. Gute Gestaltung ist einfacher, als Sie denken.* Galileo Press, Bonn 2013

Pahlke, Heinz W.: *Buchsatz für Autoren. Vom Manuskript zum Buch mit Publishing on Demand.* Shaker Media, Aachen 2008

Schneeberger, Hans Peter; Feix, Robert: *Adobe InDesign CC. Das umfassende Handbuch.* Galileo Design, Bonn 2013

Wäger, Markus: *Adobe Photoshop CC. Schritt für Schritt zum perfekten Bild.* Galileo Design, Bonn 2013

Zur Autorin

Dr. phil. Beate Forsbach, geb. 20. Mai 1952 in Weddinghusen/ Norderdithmarschen, lebt mit der Berner Sennenhündin Senta in der Weltkulturerbestadt Bamberg.

Sie schreibt und publiziert seit über 30 Jahren mit großer Leidenschaft. Sie ist Autorin von bislang 24 Büchern, mit denen sie das Leben für die Leser etwas besser machen möchte.

In den letzten 10 Jahren hat sie mehr als 500 Autoren und angehende Autoren begleitet, ihre Sichtbarkeit und ihren Expertenstatus durch ein Buch deutlich zu steigern.

Selbstständige, Coaches, Trainer, Ärzte, Therapeuten und andere Unternehmer sind mit Spaß und Leichtigkeit gemeinsam mit ihr ihren *Weg des Erfolgs mit Herz* gegangen, um ihr erstes, fünftes oder 20. Buch zu schreiben, zu veröffentlichen und zu vermarkten.

Durch ihr exklusives 1:1-Mentoring-Programm, ihr Teamwriting-Angebot und ihr Onlineprogramm schaffen es ihre Kunden, ihren Traum vom eigenen Buch zu verwirklichen.

Unter dem Motto *Bücher mit Herz* produziert sie in ihrem eigenen Verlag, der Edition Forsbach in Bamberg, Bücher mit positiven Gedanken für ein positives, gelingendes Leben.

Kontakt:

Dr. Beate Forsbach

Küchelstraße 9
96047 Bamberg

Telefon: +49 951 96439936
E-Mail: info@beateforsbach.de

Persönliche Homepage: www.beateforsbach.de
Edition Forsbach: www.edition-forsbach.de

MIX

Papier | Fördert
gute Waldnutzung

FSC® C083411

Zeitfracht Medien GmbH
Ferdinand-Jühlke-Straße 7
99095 Erfurt, Deutschland
produktsicherheit@kolibri360.de